A Arte de Ser

C. A. AYRES

C. A. AYRES

Às pessoas que buscam felicidade,
entendimento e silêncio para a alma,
e compreendem que a arte de ser e viver
é encontrada nos momentos diários de paz.

CONTEÚDO

A ARTE DE SER

RECEITA PARA UMA VIDA NOVA

De tempos em tempos, reavaliamos nossa vida e a necessidade da mudança para termos uma vida mais plena é urgente. Cansamos de nos machucar ou de adiarmos a realização de alguns sonhos devido aos percalços do caminho, seja lá por causa de algo em nossa vida que não funciona da forma que queríamos ou por causa de alguém que dependemos em algum ponto.

Para conseguir realizar os sonhos precisamos fazer metas e medir resultados. Se eles nunca saem da fase do "querer", são apenas desejos. Para realizar alguns sonhos, precisamos deixar de lado algumas coisas se quisermos ir ao seu encontro.

1. Deixar que as opiniões alheias controlem a sua vida.

Não é o que os outros pensam, mas o que você pensa de você mesmo que conta. Você precisa fazer o que é melhor para você e sua vida, não o que é melhor para todo mundo.

2. A vergonha de erros passados.

Seu passado só pode influenciar seu futuro positivamente se você tiver aprendido com seus erros, não repetindo-os. A única coisa, porém, que influenciará seu futuro é como você age agora.

3. Ser indeciso em relação ao que você quer.

Você nunca sairá do lugar se você primeiramente não decidir que é hora de seguir em frente. Tomar decisões e definir de uma vez por todas o que você quer e onde quer chegar é imprescindível, e ir atrás do que se quer com paixão é indispensável.

4. Procrastinar metas que farão a diferença.

Se você sabe que muito em sua vida depende de coisas que você precisa fazer e que, procrastinando-as, você ficará estacionado e não progredirá, pare definitivamente de adiar sua realização! Tome a coragem de começar agora, hoje, o que precisa mudar, e faça uma meta de fazer um pouco daquilo todos os dias até que se torne um hábito.

5. Sendo omisso ou escolher deixar para depois o que pode se fazer agora.

Ninguém pode escolher quando vai morrer ou como. Mas você pode decidir como vai viver, e a hora é agora. Cada dia é uma nova oportunidade e chance de poder escolher e viver plenamente.

6. Você precisa estar certo.

Não há dúvidas que todos querem acertar e fazer a coisa correta. Mas muitos deixam de tentar somente pelo medo de errar. Permita-se o direito de errar. Se você não tentar, você perderá sua habilidade de aprender novas coisas e seguir em frente com sua vida.

7. Correndo de problemas que precisam ser resolvidos.

Primeiramente, pare de correr. Escolha um problema hoje e pare para resolvê-lo. Seja comunicação, apreciação, perdão, amor, o que quer que esteja impedindo suas relações com as pessoas de serem completas. Não deixe que os dias passem sem resolver esses problemas. Ame mais intensamente.

8. Dando desculpas ao invés de decisões.

Os maiores fracassos acontecem quando ficamos a dar desculpas ao invés de tomar decisões e agir de acordo como precisamos. Quando nos omitimos, juntamo-nos àqueles que escolhem nada fazer.

9. Deixando de focar no positivo.

Reclamar é pessimismo. Ficar pensando no que poderia ser mas não foi, também. O que você vê depende inteiramente do que você está procurando. Se você não aprender a focar no lado positivo de todas as coisas e aprender a ser grato pelas boas coisas e pessoas em sua vida, será quase impossível ser feliz completamente.

10. Não apreciar o momento presente.

Seja ficar pendurado no passado ou com medo do futuro, ao invés de apreciar o agora e as pequenas coisas que fazem seu dia a dia. A vida é válida pelos momentos felizes, e na maioria das vezes, a maior parte da vida é feita de momentos simples que se completam todos os dias.

Há duas escolhas na vida: aceitar as condições que você está vivendo agora, ou aceitar a responsabilidade que *você* tem de mudá-las.

"A melhor época de se plantar uma árvore é vinte anos atrás. A segunda melhor época é agora." – Provérbio Popular.

Quando aprendemos a deixar para trás algumas coisas que não nos deixam ser felizes, aprendemos também a viver de forma mais produtiva.

À medida que a tecnologia avança e mais ferramentas adquirimos para nosso dia a dia, mais distrações para nos tirar do curso também inundam a nossa rotina, e alguns dias parece mesmo que a vida está se complicando porque tudo isso se infiltra em nossa privacidade.

Algumas dicas para viver de forma mais produtiva.

1. **Seja otimista**. Alguns veem o copo metade vazio, outros metade cheio. Escolha como ver a vida de forma que possa focar nas partes que estão funcionando, ao invés das que não estão.

2. **Menos aparelhos, mais face a face.** Use o celular e o computador para o que precisa, sem dispender horas em joguinhos ou em *apps* que não são de utilidade para suas atividades diárias.

3. **Menos informação sobre sua vida privada.** Tome cuidado com sites sociais onde milhões de pessoas expõem sua vida diariamente. Guarde os detalhes para as pessoas que ama, bem como resolva os problemas que possa vir a ter com alguns frente a frente, pacificamente. Não grite ao mundo suas frustrações.

4. **Seja grato**. Aprecie as pequenas maravilhas que a natureza oferece, os pequenos gestos daqueles que o cercam. Diga "obrigado" com frequência.

5. **Mantenha a criança dentro de você.** Isso significa saber como relaxar, perdoar facilmente, fazer amigos e ser gentil com as pessoas, dizer a verdade. Não magoar ninguém, e se acontecer, pedir perdão rapidamente.

6. **Passe tempo com sua família.** O tempo gasto com a família nunca é perdido. Seja dando atenção a um filho, lendo histórias ou brincando de bola, ou conversando e ajudando

seu cônjuge a preparar o jantar. Não importa. Esse tempo criará memórias inesquecíveis.

7. **Pare de se preocupar**. Há uma linha tênue entre a preocupação excessiva e a ansiedade e obsessão. Viver cada momento, e fazer o melhor que puder, ajuda a não ficar tão preocupado com as coisas que virão. Aprecie o aqui e agora, um dia de cada vez, e deixe para se preocupar quando precisar.

8. **Exercite-se**. Exercícios eleva o humor e a autoestima, traz satisfação pessoal no cumprimento de metas e melhora a atitude e confidência.

9. **Faça metas e realize seus sonhos**. Um plano de cumprimento de metas separa o que realmente é importante, fazendo-o aplicar melhor o tempo disponível.

10. **Identifique seus talentos**. Talentos e valores são aplicados em tudo o que fazemos todos os dias, portanto incorpore-os nas suas atividades diárias.

11. **Perdoe e esqueça**. Perdoe as faltas alheias que lhe ofenderam, e esqueça os erros que cometeu, lembrando apenas das lições aprendidas dos fracassos passados. Viva o presente de forma que o futuro seja garantidamente satisfatório.

12. **Sirva o próximo e aceite ser servido**. À medida que damos de nós mesmos e servimos quem precisa, seja algo material, uma palavra amiga ou mesmo um sorriso, sentimo-nos mais úteis. Estamos cercados de muitas pessoas por bons motivos, basicamente para nos ajudarmos. Aceitar ajuda também é uma boa forma de praticar humildade e conhecer outras pessoas.

13. **Tenha responsabilidade.** Assuma definitivamente que você é o responsável pelas condições e qualidade de vida que possue. Sua carreira, suas relações pessoais e familiares e sua felicidade dependem de você e da disciplina que aplica em fazer boas escolhas todos os dias. Isso também economiza tempo tentando consertar situações difíceis.

14. **Melhore a comunicação.** Entenda você mesmo, otimize sua capacidade de se comunicar, e faça de seu casamento e qualquer conversa que tiver, um mar de entendimento e compreensão. Saiba ouvir, use sua sensibilidade.

15. **Mantenha a fé.** Ao final de seu dia quando você está cansado de todo esforço e energia que precisou dispender para o cumprimento de suas obrigações, lembre-se que ainda há sonhos a serem concretizados, o que lhe mantém focado e lhe traz forças para continuar seguindo. Amanhã será outro dia, e trará tantas realizações e boas coisas proporcionalmente ao que você acreditar.

GOTAS DE OTIMISMO

Nós nos descobrimos conforme a idade avança e conforme as experiências de vida nos moldam. Com o tempo, passamos a ser melhores pessoas, homens e mulheres, pais e mães, maridos e esposas, filhos e filhas... Seres humanos.

A vida nos ensina algumas coisas que listamos aqui com a esperança de que possa ajudar alguém.

1. **"Quando colocamos Deus em primeiro lugar, todas as outras coisas se encaixam no seu devido lugar ou saem de nossas vidas."** – *Ezra Taft Benson*

Quando colocamos Deus em primeiro lugar em nossas vidas, ampliamos nossa visão. As coisas mínimas não fazem tanto estrago. As desagradáveis com o tempo deixam de existir e as boas preenchem nossos dias.

Experimente fazer do Pai seu companheiro. Converse com Ele. Você irá se surpreender com a paz que lhe virá ao coração.

2. **"Mesmo quando tudo parece desabar, cabe a mim decidir entre rir ou chorar, ir ou ficar, desistir ou lutar. Porque descobri, no caminho incerto da vida, que o mais importante é o decidir."** – *Cora Coralina*

Sabemos que somos responsáveis por nossas escolhas, mas com o passar do tempo, ao assumir as consequências de algumas delas é que percebemos que poderíamos ter sido mais cuidadosas, principalmente com aquelas em relação aos nossos filhos.

Nunca é tarde para aprendermos a decidir pelo melhor e a escolher o que realmente nos fará feliz.

3. "Se realmente quisermos amar, precisamos aprender a perdoar." – *Madre Teresa*

Perdoar é mais que deixar pra lá. É realmente acreditar que a pessoa que errou tem um potencial maior. É ter tolerância e sabedoria para enxergar que você também não é perfeita, e que o mundo dá voltas, e que amanhã pode ser você a precisar de misericórdia.

4. "Eleve seus exemplos, não o volume de sua voz. É a chuva que faz crescer as flores, não o barulho do trovão." – *Rumi*

Quando nos tornamos mães, um espelho é colocado a nossa frente. Quando nossos filhos se tornam adolescentes, vemos exatamente onde falhamos e onde acertamos com o passar dos anos. Quando eles se tornam adultos e literalmente começam a caminhar com as próprias pernas é que percebemos que o exemplo era o melhor professor, que plantamos as raízes em solo bom, e que lhes demos as asas da responsabilidade.

5. Perdemos tempo demais querendo que nossos filhos sejam ótimos e nos esquecemos que eles já são.

Perdemos tempo demais querendo que nossos filhos sejam perfeitos, ou fazendo-os cópias do que gostaríamos de ter sido, e muitas vezes falhamos em enxergar que eles são seres distintos, com sua própria alma.

6. "O verdadeiro amor não é encontrado. É construído. Um dia, um beijo, uma conversa de cada vez." – *Maggie Reyes*

Quando encontramos o amor, mal conseguimos respirar sem ele. Com o passar do tempo e as dificuldades da vida, podemos achar que ele diminuiu ou acabou, mas falhamos muitas vezes em fazer a nossa parte para que a construção deste grande castelo de sonhos tenha bases sólidas.

Nunca é tarde para deixar o orgulho de lado e reforçar os alicerces, e reconstruir uma vida nova.

7. "Outras coisas nos mudam, mas começamos e terminamos com a família." – *Anthony Brandt*

Podemos ir atrás de amigos, de riquezas, de experiências, de amores. Mas é a nossa família que estará lá, depois de Deus, quando tudo o mais não estiver. É o Senhor, que ordenou a família, que nos fará enxergar que Seu presente a nós foram justamente aqueles que nos conhecem desde que viemos a este mundo, e que muitas vezes colocamos em segundo ou último plano.

Deus, família, casamento, filhos, amor. O mais importante que podemos ter para sermos totalmente felizes.

Quanto mais cedo descobrimos que estes são os verdadeiros tesouros da vida, mais conseguiremos desfrutar da alegria de viver e de ser, um, com o Criador.

Com certeza, dinheiro e condições econômicas podem influenciar nossas escolhas e nossas condições para buscarmos nossos sonhos, mas quando adquirimos certa experiência de vida, descobrimos que as melhores coisas da vida não são coisas.

AS MELHORES COISAS DA VIDA NÃO SÃO COISAS

Muitos de nós somos ricos. Ricos de coisas que o dinheiro não pode comprar. Com as experiências da vida, descobrimos como aproveitar o que há de bom nela e que as pequenas coisas é que fazem uma grande diferença.

Robert Brault disse uma vez: "Aprecie as pequenas coisas, pois um dia você verá que eram elas as grandes coisas". (1)

Há tantas coisas que fazemos em nosso dia a dia que o dinheiro não pode comprar. Geralmente são coisas e atitudes mínimas, mas que fazem uma grande diferença.

1. Gratidão. Esteja sozinho ou acompanhado, a gratidão por estar vivo e ter mais um dia de oportunidades para ser feliz e consertar os erros não tem preço.

2. Um abraço apertado. Por si só ajuda a economizar muitas palavras.

3. Fé. Depende de você colocar à prova e descobrir por si mesmo o que acredita, e como isso lhe ajuda.

4. Recomeçar. Todos caímos, mas é quantas vezes levantamos que nos faz vitoriosos.

5. Receber um abraço de uma criança. O mais honesto e

verdadeiro gesto de amor que alguém pode querer.

6. Boas amizades. Confiança e companheirismo não se compram.

7. Uma boa ideia. Alguns gastam milhões enquanto outros os produzem a partir de uma boa ideia. Aprender a pensar é mais vantajoso.

8. Boas memórias. Não há dinheiro que ajude a guardar ou a fazê-las, é necessário viver!

9. Sorte. Quando se faz boas escolhas, é mais provável que o universo conspire a nosso favor. E o contrário também é verdadeiro.

10. Juventude. Ela traz o ímpeto de nosso espírito e se vai com a mesma paixão.

11. Boas maneiras. Ser educado economiza tempo, dinheiro e faz a vida mais produtiva.

12. Paciência. Isso é algo que não existe para vender e precisamos aprender, independente de quanto dinheiro temos.

13. Um pequeno ato de serviço. Segurar a porta para alguém, carregar a sacola para a gestante, ajudar um idoso a atravessar a rua faz mágica em como nos sentimos.

14. Força de vontade. Isso é algo que nasce da necessidade ou da personalidade, de uma forma ou outra.

15. Beleza natural. É aquela mesma, a beleza ao sair do banho ou ao acordar de manhã, descabelada e com a cara amassada. Olhe bem dentro dos seus olhos e encontre-a.

16. Otimismo. Ser otimista com dinheiro é fácil, mas ver só coisas positivas em meio ao caos é para poucos.

17. Assistir o nascer ou pôr do sol. É um espetáculo gratuito. O sol que descansa e a noite que traz a realização que precisamos.

18. Integridade. Para ser íntegro não é necessário pouco ou muito dinheiro, está no espírito.

19. Poder dormir até mais tarde. Seja quando for. Privilégio na hora da necessidade.

20. Humildade. Viver de acordo com o que somos e queremos é ser livre, e conseguir tudo isso sem pisar em ninguém com um coração grato é a lei da vida.

21. Um telefonema para um amigo. Faça uma meta de preservar melhor suas amizades, não importa a distância. Nunca sabemos quando podemos ser úteis àqueles que amamos.

22. Dançar na chuva. Assista ao vídeo. Veja a alegria da menina ao descobrir a chuva. Isso é algo que todos nós precisamos aprender.

23. Segurar a mão de alguém. Seja de uma pessoa que precisa de um ombro amigo, de uma criança ao atravessar a rua, ou de um amor tranquilo. Troque as energias.

24. Passar um tempo com um animal de estimação. E descobrir esse amor incondicional, desinteressado e que não envolve política é imprescindível.

25. Rir, mas rir de verdade. Seja conversando com alguém, assistindo uma comédia, rir ainda é o melhor remédio.

26. Respeito. Respeitar os outros independentemente se eles nos

favorecem é ganhar o respeito que você precisa em troca.
Experimente.

27. Tempo. Dinheiro não compra tempo. Nem o tempo de vida que temos, nem o tempo com nossos filhos. Ele passa, e muitas vezes leva tudo de nós.

28. Paciência. Esperar o carro passar, deixar o idoso entrar na frente, esperar o outro se acalmar.

29. Amor verdadeiro. É aquele que progride, amadurece junto, tudo suporta.

30. Paz de espírito. A honestidade, integridade e fidelidade aos princípios e valores trazem uma paz que jamais pode ser conquistada de outra maneira.

31. Família unida. Não há dinheiro no mundo que traga união a uma família, mas tempo, dedicação, paciência e muito amor.

32. Uma mente aberta. Tolerante e capaz de aprender em qualquer idade e ensinar a qualquer tempo pelo exemplo.

33. Felicidade. O dinheiro pode facilitar momentos agradáveis, mas a felicidade intrínseca está dentro de nós e não tem preço.

34. Saúde. Todo dinheiro do mundo pode ajudar em tratamentos, mas não compra a força de vontade para viver de forma saudável, escolhendo um estilo de vida que nos faça viver muitos anos.

35. Sabedoria. Desenvolver o equilíbrio necessário para aproveitar a jornada, não somente o destino.

36. Segundas chances. Presente divino para recomeçar e fazer certo e melhor a cada dia.

37. Uma boa reputação. Dinheiro pode ajudar a mascarar sua imagem, mas é impossível comprar sua autoimagem.

38. Talentos. Natos ou desenvolvidos através do estudo e trabalho árduo, talentos não são vendidos em prateleiras.

39. Justiça. Ouvir as duas partes e decidir imparcialmente levando em conta sempre a verdade, independente de quem seja.

40. Um lar feliz. Fruto de muito trabalho e dedicação. Um pedaço do céu na terra.

Eu poderia continuar listando muitas outras coisas que dinheiro nenhum no mundo pode pagar, coisas que não têm preço. Agora pare e pense. Foque no que é mais importante. Não se lamente pelo que não têm, veja quanta coisa você pode ter que não custa centavos ou milhões, mas o que você tem dentro de você mesmo.

Faça questão de viver e fazer cada uma delas acontecer.

O GRANDE SEGREDO DA FELICIDADE

O segredo da felicidade não é termos tudo o que precisamos ou estarmos sempre em busca de algo mais, mas reconhecer os presentes que temos todos os dias.

Aquele que aprende a apreciar a vida e encontrar alegria em cada coisa ou pessoa, reconhece-as como bênçãos divinas. Ele sabe que tudo o que temos vem do Senhor, e que não há espaço para tristeza, e sim, gratidão.

Agradecer por tudo o que temos e somos não é somente dar graças ou um feriado no calendário. É como as pessoas felizes vivem.

A gratidão é o grande segredo das pessoas felizes

O caminho para ser feliz é parar de se comparar aos outros e descobrir sua própria essência.

"My Shoes", de Nima Raoofi (2), traz a historia de um menino pobre, com sapatos velhos e furados, e que é motivo de gozação de outras crianças. Triste e insatisfeito, ele anda por uma praça até que encontra um outro menino sorridente sentado num banco, o qual possui sapatos novos, roupas limpas e bonitas.

Ele observa seus sapatos e os sapatos do outro garoto, vai até uma árvore, tira os próprios sapatos e começa a fazer um teatrinho com os mesmos, onde expõe o desejo de ser como o outro garoto. Quando abre os olhos, vê-se com as roupas e sapatos do outro, sentado onde ele estava, enquanto o outro garoto, troca com ele e veste suas roupas e sapatos velhos, pula, brinca, e não cabe em si de tanta alegria.

Ele então "acorda" quando uma senhora chega com uma cadeira de rodas. Ou seja, ele agora trocou de identidade com o outro garoto, tem a aparência bem cuidada do outro garoto e roupas e sapatos novos, mas não pode andar, nem brincar como podia antes.

A eterna insatisfação do ser humano

Quantas vezes em nossas vidas desejamos ter mais. Ter mais beleza, dinheiro, coisas que não temos, casamentos que não temos, famílias que não temos, oportunidades que não temos. Uma amiga ou conhecida parece ter um marido tão dedicado, filhos tão obedientes, ou uma mãe mais carinhosa, um pai mais rico, se alguém mora em outro país deve ter uma vida melhor, mais dinheiro, etc. e assim passamos a nos lamentar de nossa vida, desejando ter o que os outros têm.

Comparação: Inveja x Gratidão

A grama do vizinho parece sempre mais verde? A galinha do vizinho é mais gorda? Mas, será que é mesmo? Tendemos a achar que a vida dos outros é melhor que a nossa, e estamos sempre insatisfeitos. Mas, se tivéssemos a oportunidade de trocar com eles de problemas e de vida, será que aguentaríamos?

Compararmo-nos aos outros pode ser saudável até um certo ponto. Quando estamos passando por um determinado problema, por exemplo, e temos a oportunidade de ajudar alguém que está passando por um problema pior ainda, aquilo nos deixa mais fortes e até gratos, pois vemos que nossos problemas poderiam ser bem piores. Mas, quando comparamos nossa vida com a de outra pessoa, cobiçando somente o que ela tem e nós não, sem enxergar os detalhes realisticamente, é uma armadilha perigosa que pode nos levar à depressão e outros problemas.

Acordando para a realidade

Todos nós temos pontos fortes e pontos fracos, altos e baixos, problemas e coisas boas em nossas vidas. Muitas vezes, não sabemos o que algumas pessoas tiveram que passar e trabalhar duro para chegar onde estão, e apenas julgamos e fazemos suposições sem ao menos conhecer suas razões e motivos.

Também não vemos que muitas de nossas experiências são necessárias em nossa vida para que aprendamos algo. Se a mesma experiência se repete, talvez seja sinal que ainda não aprendemos a como lidar com a situação, já parou para pensar nisso?

Reconhecendo as bênçãos

Algumas ideias para começarmos a reconhecer as bênçãos que temos, ao invés de ficarmos nos comparando com os outros ou focarmos em coisas que eles têm e nós não temos:

1. **Faça uma lista de habilidades.** Existem vários sites na internet que possibilitam testes para descobrir quais são seus talentos e habilidades. O importante é fazer essa lista o mais rápido possível.

2. **Olhe-se no espelho.** Não existe ninguém no mundo igual a você. Seu DNA é único, a combinação de cores da pele, olhos, cabelos são únicos. Ninguém no mundo tem a sua impressão digital, e Deus lhe conhece pelo nome e você é especial a Ele como qualquer outro.

3. **Todos nós quando morremos vamos para o mesmo lugar.** Independente de local onde vivemos, quantidade de

dinheiro que temos, o que importa é o que você aprende nesta vida, a quem serve e o tamanho de sua generosidade.

4. **Faça outra lista de bênçãos**. Reconheça os presentes que você tem de um Pai amoroso. O ar que você respira, o sorriso do seu filho, o amor dos seus pais, as pernas que levam você de um lugar a outro, olhos para ver, ouvidos para ouvir. Ore e agradeça. Peça ao Pai que acalme o seu coração e lhe ajude a descobrir seu caminho. Muitos não têm tudo isso!

5. **Considere sua motivação.** Onde você estava antes e onde conseguiu chegar. Dificuldades todos nós temos por toda a vida. Quando terminamos de escalar uma montanha e chegamos ao topo mal acreditando que conseguimos, olhamos mais à frente e visualizamos uma montanha ainda mais alta. É parte da vida! Todas as suas vitórias são suas! Mas tenha certeza de que você as faz para você mesmo, não para os outros.

6. **Injete a gratidão no seu dia a dia.** Seja por suas habilidades, pelas bênçãos, por seu casamento, família. Tente encontrar algo bom até mesmo nas coisas ruins. Elas sempre existem.

7. **Defina seus próprios padrões.** Quando você sabe exatamente o que lhe estimula a viver, nada pequeno ou grande lhe tirará do caminho. Repare nas suas vitórias passadas, o que lhe traz alegria, quais habilidades são importantes para levá-lo aonde quer chegar na vida.

8. **Aprenda a discernir.** A partir do momento que você abraçar seus valores, verá sua capacidade de julgar o que é bom ou ruim para você mesmo aumentar. Pratique. Saiba dizer não. Escolha o melhor, não se contente com pouco.

Se ainda assim, depois de todos esses exercícios, você ainda estiver insatisfeito consigo mesmo, tente dar um empurrão na sua autoestima. Aprenda a exercitar cada uma de suas habilidades. Descubra outras novas, você pode se surpreender com sua própria força.

Crie uma rotina equilibrada com trabalho, lazer e descanso e inclua o serviço ao próximo sempre que puder. Por menor que seja seu ato de caridade, vai com certeza deixar o dia de alguém melhor, e consequentemente o seu próprio, e eu garanto que essa dica funciona.

AS CHAVES PARA AUMENTAR A AUTOESTIMA

Baixa autoestima pode afetar negativamente todas as áreas de nossa vida, seja profissional, pessoal, ou mesmo nossa saúde. Aqui algumas dicas de como melhorar sua autoestima, mesmo se isso tem lhe sido um problema por anos.

1. Identifique sua situação e condições.

Pense sobre os acontecimentos de sua vida que geralmente lhe trazem tristeza ou pensamentos depreciáveis a respeito de si mesmo. Isso pode incluir:

- Pressão no trabalho, um projeto a ser finalizado.

- Crises familiares ou profissionais.

- Desafios com a saúde de alguém que se ama ou de convívio pessoal.

- Desemprego, morte, mudanças.

2. Liste e lembre-se de suas crenças e valores.

Uma vez que você tenha identificado qual o problema pelo qual está passando, tente listar seus pensamentos sobre o mesmo. Nem que precise falar consigo mesmo, tente entender a interpretação que você dá ao mesmo, e separe o que o problema realmente é. Os resultados podem ser pensamentos positivos, negativos ou neutros. Mas faça isso de maneira racional, baseando-se em fatos; não de maneira irracional, baseando-se em ideias falsas sem comprovação.

3. Bloqueie pensamentos negativos e inúteis.

Talvez os pensamentos iniciais quando um problema nos atinge seja negativo. Isso tem a ver com o nosso natural receio ao desconhecido, quase um medo de mudanças. Teste a verdade de seus pensamentos. Pergunte a si mesmo se está agindo com razão ou emoção. A maioria das pessoas tem formas de pensar automaticamente quando algo acontece sobre os outros e sobre si mesma, isso inclui o perfeccionismo, autocrítica exagerada e vitimização.

4. Viva seus valores.

Agora que você já está consciente do problema, já avaliou como age, já fez planos de melhora, é hora de substituir a negatividade com pensamentos construtivos.

- Retire do seu vocabulário palavras de autodepreciação. Você é capaz, está passando por um momento complicado, não significa que sua vida é sem valor.

- Perdoe-se. Todos erramos, e erros são apenas momentos. E momentos passam. Diga a si mesmo, "Eu cometi um erro, mas isso não me define, e não significa que sou uma má pessoa".

- Foque o lado positivo. Recorde as coisas boas, momentos inesquecíveis de qualquer tempo de sua vida, quando você teve sucesso nas coisas e relações. Liste suas habilidades e pontos fortes.

- Retire o *se* do seu vocabulário. Não adianta reclamar ou

lamentar. Já aconteceu, agora é hora de resolver a situação, então, cabeça erguida e não desanime!

- Controle e encorajamento. Congratule-se pelos bons resultados. Controle vem com a prática.

À medida que a prática trouxer resultados positivos, tanto no seu dia a dia quanto nas suas relações, o bom ânimo voltará a ser o leme e sua autoestima estará balanceada.

Todos nós, cedo ou tarde, temos momentos em que nos sentimos desanimados e temos a sensação de que as pessoas se aproximam de nós apenas quando estamos numa situação privilegiada - financeira, física ou emocionalmente positivas.

Quando eu era jovem, eu pensava que confiança viria com progresso e experiência, mas eu me enganei: mesmo com tudo isso, autoestima não é algo que ganhamos, mas que precisamos buscar e que exige trabalho.

E o que fazer nesses momentos quando nos sentimos sozinhos e a autoestima parece ter desaparecido? Fiz uma pequena pesquisa com algumas pessoas e consegui coletar 30 pensamentos para que possamos estar mais positivos e assim colocar em prática sempre que precisarmos de uma injeção de ânimo extra.

1. Ore. A oração tem o poder de abrir a mente para a resposta de um Pai carinhoso que lhe ajudará a identificar e lutar por sua dignidade e perceber que Ele não comete erros, e não cometeu dando-lhe o sopro da vida.

2. Identifique condições ou situações atuais que estejam destruindo sua autoestima. Considere-as passageiras. Conhece o ditado "não há mal que sempre dure nem bem que nunca acabe"?

3. Respeite sua genética familiar. Aos 12 anos a maioria das garotas já viu em torno de 80 mil anúncios de beleza na mídia em geral. 77% se acham feias (3), pois nunca alcançarão aquele padrão de beleza. Liberte-se disso!

4. Não importa o que você fez ontem ou o que você fará amanhã. Tudo gira em torno das escolhas que você faz hoje.

5. Leia um livro favorito. Ou todos da sua estante.

6. Perdoe-se. Siga em frente. Faça disso um estilo de vida.

7. Olhe para seus filhos. Veja as criaturas maravilhosas que são.

8. Observe como seu animal de estimação lhe ama.

9. Faça uma lista de suas habilidades e talentos. Escreva-os e cole na porta do guarda-roupa. E tenha certeza de ir aumentando a lista a cada nova situação. Todos aprendemos todos os dias.

10. Não tenha medo de despedidas. Você pode criar raízes e asas ao mesmo tempo.

11. Volte a estudar. Preencha seu tempo. Aprenda mais. Você vai se surpreender com sua capacidade.

12. Não importa como foi seu tombo ou erro cometido. O que importa é o quanto você está trabalhando duro para se levantar, chacoalhar a poeira e continuar.

13. Exercite-se e aprenda a comer de forma mais saudável. Nada que lhe tire o prazer de viver bem vai durar muito tempo ou lhe trazer satisfação. Mas gordura ou sal demais vão tirar sua disposição.

14. Converse com alguém e faça essa pessoa rir. Seu poder é infinito para ajudar os outros.

15. Use suas derrotas para ficar melhor, mais forte, mais sábio.
A vida continua. Olhe o quanto você já caminhou, não o quanto
ainda precisa seguir. Seus sonhos não virão até você, você precisa
buscá-los.

16. Aprenda a dizer não. Planeje seu tempo e tenha certeza de
balancear as atividades de forma que haja um tempo para lazer,
descanso e família todos os dias além do trabalho.

17. Cumprimente as pessoas. O porteiro, faxineiro, balconista e as
pessoas que normalmente passam despercebidas mais cordialmente
que de costume. Você vai se assustar com o milagre da gentileza e
como ela volta para você rápido.

**18. Pare definitivamente de se preocupar com o que as pessoas
pensam.** Preocupe-se com o que Deus pensa.

19. Sorria. Se precisar assistir a uma comédia ou almoçar com aquele
amigo engraçado, tenha certeza que dá umas boas gargalhadas. Outra
ferramenta para liberação de endorfinas que ajudam a sentir-se mais
relaxadas e confiantes.

**20. Faça exercícios para presentear seu corpo e mente com
endorfinas e resistência, não para punir-se do que comeu.**

**21. Limpe a casa ouvindo aquelas músicas da sua juventude e
dance com a vassoura.** Música é um santo remédio.

22. Respeite-se. Olhe seu corpo no espelho não como ornamento,
mas como instrumento. Veja o quanto você é capaz de fazer. Deixe
as imperfeições de lado.

23. Coma chocolate. É comprovado que ajuda com tudo, desde a melhorar a TPM a viver mais.

24. Dê um tempo nas páginas sociais. Um estudo feito no Canadá (4) disse que as pessoas que passam tempo demais no Facebook desenvolvem mais ciúmes e inseguranças. Vá fazer algo que você goste nesse tempo.

25. Cuide da aparência. Tome um banho relaxante com direito a depilação, limpeza de pele, máscara para os cabelos. Tire um dia só para cuidar de você mesma. Vista-se melhor, arrume o cabelo.

26. Faça metas pequenas para conquistar outras maiores. Tentar já fará uma grande diferença.

27. Não permita que as pessoas lhe diminuam. Nem você mesmo. Seja assertivo. Ao entender e reconhecer o porquê dos atos alheios, você ganhará mais confiança em lidar com situações que envolvem outras pessoas.

28. Abrace suas emoções. Você está vivo! Ame-se! Você é uma pessoa única, e essa é a beleza do ser humano. Seja gentil consigo mesmo, compreensivo. Seja seu amigo.

29. Pense em quem você mais ama. Desenterre os álbuns de fotografia da família. Lembre do grande exemplo das pessoas que já passaram por este mundo. O amor é o contrário do medo. O medo é o contrário da confiança e autoestima.

30. Busque sua família. Conviva mais com eles. Visite-os mais. Conheça-os mais profundamente. Participe das atividades, vá aos aniversários, festas de casamento e mesmo funerais. Afinal, quem mais neste mundo o aceita incondicionalmente como eles?

Lembre-se que as lágrimas lavam a alma, que você é especial e tem muito valor, seja para o Pai ou para seus pais terrenos. Trate as pessoas assim independente se elas o tratam da mesma forma. Sua força e sua capacidade de controlar seus atos o ajudará a estar consciente do seu valor e herança divinos.

DO SONHO À REALIDADE

Não há dúvidas que uma das regras mais importantes para sermos felizes em nossa vida é fazer o que amamos, trabalhar com o que gostamos de fazer, e sermos o que planejamos. Mas, primeiramente, precisamos descobrir o que gostamos de fazer.

Observe ao seu redor as pessoas que são felizes. Elas provavelmente estão fazendo algo que amam. Pode ser algo simples, mas que tenha propósito e significado.

Então, como deixar de lado o sentimento de que você não pode mudar ou alcançar seus sonhos e ir em busca do que lhe faz feliz? Algumas dicas:

1. Saber o que você quer. Muitas pessoas vagam pela vida apenas fazendo o que é necessário e requerido delas. A vida passa e elas não conseguem descobrir qual a paixão, aquilo que amam fazer. Você precisa ir atrás de experiências variadas até descobrir algo que o motive a aprender a levantar todos os dias com ânimo, a amar a vida! Você pode descobrir o que você gosta de fazer através de:

- Praticar hobbies: Qualquer atividade que lhe dê prazer e você possa fazer pelo menos uma vez por semana no seu tempo livre.

- Listar seus talentos: Todos temos talentos diferentes. Descubra seu talento e compartilhe com o mundo! Você deve saber quais aptidões você é melhor, seja descobrindo isso através do trabalho, voluntariado, pesquisas, tentativas.

- Trabalho: O trabalho dos sonhos inclui não somente o que você quer fazer, mas com quem e onde você quer fazê-lo. Você precisa gostar de onde e com quem trabalha. Identificar o que você quer fazer através do que você mais gosta.

- Ambiente: Qual ambiente você se sente mais à vontade? Indústria, escritório, escola, universidade, ar livre, muitas ou poucas pessoas. Isso lhe dá uma ideia de onde procurar seu emprego dos sonhos.

2. Baú de memórias. Em que época de sua vida você se sentiu mais feliz? Isso tem a ver com sua juventude, com as pessoas, com onde estava estudando ou trabalhando, com a família, enfim, lembrando como você era feliz o ajudará a identificar o porquê e o que estava envolvido para sua felicidade.

3. Faça um teste vocacional. Alguns sites na internet trazem bons testes gratuitos. Descobrir sua vocação é uma ferramenta que ajuda bastante.

4. Liste as 5 coisas que você gosta mais na vida. Depois de um teste e exercícios para identificar seus talentos, liste as coisas que você gosta de fazer mais.

5. Pondere sobre seus sonhos. Imagine-se em diferentes situações e amadureça a ideia em sua mente.

6. Como transformá-las em trabalho? Alguma dessas cinco paixões pode virar uma forma de trabalho? Tente visualizar você alcançando sucesso e use o bom senso. É algo que você precise fazer um curso para aprender mais? É algo que você pode começar como um hobby? É algo que você pode ganhar dinheiro fazendo?

7. Crie um mapa ou procedimento. Quais são as ferramentas que você precisa para realizar seu sonho? Quanto precisa investir? Quanto tempo pode dedicar para começar o mais rápido possível? Quais os passos até conseguir começar a fazer constantemente? Coloque no papel seu plano, comece a materializar seu sonho.

8. Chuva de ideias. Você vai notar que, à medida que pondera e amadurece a ideia de um sonho, muitas outras coisas virão a sua mente e as ideias basicamente se multiplicarão. Anote todas elas, encaixe-as nos passos para completar sua busca.

9. Pesquise. Aprenda o máximo que puder sobre seu sonho. Se alguém já teve a mesma ideia antes, você não precisa desanimar, mas aperfeiçoar de forma a criar muitos sonhos em cima do primeiro. A pesquisa ajuda a saber como as outras pessoas que trabalham com isso estão se sobressaindo. Há campo? Esteja aberto a aprender.

10. Pratique. Comece o mais rápido possível com as ferramentas que você já possui. Isso o ajudará a confirmar se você realmente gosta e quer fazer, além de aperfeiçoar o que você já conhece implantando ideias de sua pesquisa.

11. Inspire-se. Observe os obstáculos que as pessoas que estão fazendo o que você quer fazer possuem e como elas os vencem. Faça um mural com fotos, recortes de revistas e jornais, que o inspire a chegar lá.

12. Motive-se. Trace metas pequenas, depois outras e outras maiores. Registre seu progresso, participe de um grupo, encontre um parceiro, tudo isso o ajudará a manter-se motivado.

13. Simplifique. Uma vez que você identificou seu sonho, coloque todo seu foco e propósito em desenvolvê-lo. Não deixe outros imprevistos e metas paralelas o desviarem de fazer o que você gosta.

14. Crie um mantra. O autor Guy Kawasaki acredita que quando buscamos realizar um sonho, precisamos de um mantra, nem sempre uma missão. Uma pequena frase que você se lembre a todo momento como sua meta maior. O mantra de Guy é "fortalecer empresários" (5), qual é o seu?

15. Reserve um tempo. Diária e semanalmente. Seja para pesquisar e aprender, desenvolver, montar algo, qualquer coisa que seja voltado a realizar seu sonho. Que seja apenas 15 minutos, ou meia hora, não importa.

16. Crie um plano A1. Em caso de imprevistos e falhas, mas nunca desista de seu plano A. Este não é um plano B, é um plano A1 que irá segurá-lo em caso do plano A falhar. Se necessário crie o A2, A3, etc.

Um sonho é o ponto de partida de sua vida. Embora nem sempre conseguimos realizar todos os nossos sonhos, a busca incessante nos ajuda a descobrirmos mais sobre nós mesmos. Deivison Pedroza (6), autor motivacional, diz: "Talvez todas estas funções (que ele realizou durante a vida) não me permitiram enxergar mais longe naquele momento, mas com certeza permitiram-me ter experiência suficiente para crescer com humildade, amadurecer, ter responsabilidades, experimentar minha capacidade de surpreender para viver e estar à frente do tempo em que vivia."

Enfim, viva de forma a ser lembrado. Como você quer ser lembrado quando morrer? Este é um método interessante para decidir como você quer viver sua vida e correr atrás de seus sonhos. Se você quer ser lembrado como uma pessoa que conseguiu realizar seus sonhos, tenha certeza de não começar a buscá-los quando for tarde demais.

Sonhe. Comece agora. Errando se aprende. Corra riscos. Viva sua vida intensamente e ame cada minuto dela.

ESTAR NO MUNDO MAS NÃO SER DO MUNDO

Tenho uma amiga muito querida que admiro demais e é um exemplo para mim. Ela já tem mais de 50 anos de idade e é filha de uma imigrante que trabalhava nos campos de algodão da Califórnia para sobreviver.

Na década de 60, sob o sol escaldante, sua mãe foi estuprada por vários peões no meio da plantação. Sem poder identificar seus agressores que tinham o rosto coberto, e com medo do sistema lhe punir pela ilegalidade, ela sofreu em silêncio e descobriu-se grávida mais tarde. Ao dar a luz à uma menina, hoje minha amiga, ela morreu no parto, e a menina foi colocada em um orfanato, onde passou por várias famílias que judiaram bastante dela, sendo vítima de pedófilos e obrigada a se prostituir enquanto era apenas uma garota.

Quando ela atingiu a idade de 11 anos, ela não sabia ler nem escrever ainda, e, sentindo-se obrigada a usar drogas, num momento de lucidez, viu que, se continuasse tendo aquela vida, seus dias estavam contados, tamanhas as desgraças que haviam acontecido em sua vida.

Encontrar dentro de si o poder para superar

Numa tarde de outono, segundo ela conta, ela fugiu no meio da multidão e encontrou uma freira na fila de um trem. A freira a segurou pela mão, levou-a para um convento onde todas as freiras a abraçaram, cuidaram dela, de suas feridas externas e internas. Ela aprendeu a ler, escrever, cantar, e até a tocar piano. Aos 21 anos conseguiu seu diploma de Ensino Médio, um trabalho como vendedora numa loja de calçados e entrou na faculdade.

Aos 26, formada, mudou de estado, de realidade, de ambiente, e decidiu que queria ter uma vida "normal". Estudou e trabalhou muito, e encontrou um bom homem em uma atividade de uma igreja onde se converteu mais tarde. Casou-se e hoje, depois de quase 30 anos, seu marido é um dos donos de uma grande companhia conhecida no ramo tecnológico, e ele mesmo possui uma história de superação admirável, onde os pais morreram num acidente de carro quando ele tinha apenas 10 anos de idade. Juntos, eles tiveram 5 filhos, a maioria casados ou fazendo faculdade.

Alguns anos atrás, como se não bastasse tudo o que já havia passado, ela teve câncer de mama, precisou de mastectomia dupla, mas continua firme, com sua luz por onde vai e o sorriso contagiante.

A primeira vez que ela me contou sua história, eu senti vergonha de reclamar de algumas partes da minha. Ela é uma pessoa de sorriso fácil, coração aberto e ação. Faz de tudo para ajudar os outros e quem tem a sorte de passar alguns minutos em sua companhia, tem seu dia, e muitas vezes sua vida, transformados.

Quantos meninos e meninas se veem perdidos e rodeados por desafios. Ou são os pais que não se entendem, um lar que possui um clima inseguro, o bullying que sofrem na escola.

Resiliência

Resiliência significa termos a capacidade de saber lidar com os problemas, vencer obstáculos sem ceder à pressão. Mesmo diante de situações onde nos sentimos inseguros, ainda podemos tomar decisões corretas. É uma qualidade a ser desenvolvida, necessária para viver com entusiasmo. É saber recuperar-se de uma queda rápidamente e procurar meios para minimizar e resolver os imprevistos rápidamente. É um passo importante na busca de autocontrole e autodomínio.

Acreditar em você mesmo

Perguntei à minha amiga se mesmo sob tanta desgraça ela acreditava em si mesma para dar a volta por cima. Ela me disse que não sabia responder a questão, mas que Deus a ajudou a sentir que algo dentro dela lhe dizia que havia uma vida melhor em algum lugar. Sente-se eternamente grata à um grupo de freiras que lhe ajudaram e ao amor de um Pai amoroso que nunca desistiu dela.

Ir em busca de seus sonhos

Independente de sua situação no momento, pare e pense nessas questões e faça este exercício mental:

- Você é feliz?

- Tem o tipo de vida que gostaria? O casamento que gostaria? É a mãe ou pai que gostaria de ser?

- Você se sente como se nao tivesse escolha, e é obrigado a fazer o que aparece em seu caminho e ir para onde o vento lhe leva?

- O que você precisa para realizar seus sonhos?

Pense nas situações onde se sentiu mais feliz em sua vida. Elas aconteceram quando:

- Você estava rodeado por sua família e havia um clima de cordialidade?

- Você sentiu o amor de um pai, mãe, ou outro familiar, ou mesmo o cônjuge ou um filho?

Concentre suas energias nestes pensamentos positivos, que lhe trazem boas lembranças, mas não viva somente com essas memórias. Transforme-as em ação. Abrace as pessoas. Diga que as ama. Seja um ombro amigo. Confie e peça ao Senhor que lhe guie.

Se a outra pessoa não lhe devolver o sorriso, continue sorrindo. Você controla suas ações, não os outros.

Um dia, assim como minha amiga, você fará a diferença na vida de alguém e construirá o seu mundo, que, mesmo cercado pelo caos existente e tantas coisas terríveis, trar-lhe-á paz, sorrisos, e mais força para continuar. Minha amiga deu o primeiro passo e foi em busca de algo melhor para sua vida. Dê o primeiro passo com aquilo que você tem no momento. Você pode!

Nosso Pai Eterno, perfeito e amoroso, não comete erros. Você existe porque Ele lhe criou. Ele sabe e acredita em você com todas as Suas forças. Então, o que mais você precisa para acreditar em si mesmo?

CORRIGINDO HÁBITOS E ESTABELECENDO METAS

Para o cumprimento de metas, temos determinados níveis de comprometimento.

1. Primeiramente criamos a "grande figura" do que queremos fazer em nossa vida. Por exemplo, onde queremos estar em 10 anos, e identificamos todas as coisas que precisamos atingir para a realização de nossas metas. Exemplo: Em 10 anos, quero estar formado na faculdade com um bom emprego rumo à estabilização financeira.

2. Então separamos em metas menores para que possamos atingir a meta maior. Exemplo relacionado à meta anterior: Preciso estudar, economizar, formar-me e trabalhar duro para ter a vida que almejo em 10 anos.

3. Finalmente, uma vez o plano feito, começamos a buscar diariamente por ações que nos ajudarão a realizar nossa meta. Exemplo: Buscarei a área em que tenho vocação, ou, se já souber, buscarei um curso que me dê a instrução que preciso.

Vamos detalhar alguns dos passos citados anteriormente.

Brainstorm (ou chuva de ideias) = Fazer metas de vida.

Carreira – Defina a que nível quer chegar na carreira.

Finanças – Quanto quer estar ganhando em qual idade? Como isso está relacionado às suas metas na carreira?

Educação – Precisa adquirir conhecimento, informação ou aprender uma habilidade específica para o cumprimento de sua meta?

Família – Quer ser pai ou mãe? Que tipo de pai ou mãe, e o que procura num companheiro ou como quer ser visto pelo restante de sua família e amigos?

Hobbies – Quer desenvolver um talento que se torne algo lucrativo?

Atitude – Quer se livrar de algum comportamento que lhe atrapalha?

Físico – Quer emagrecer? Criar mais resistência? Quer parecer jovem e em forma?

Prazer – Quer viajar? Desenvolver um talento que lhe traga prazer?

Serviço público - Quer fazer do mundo um lugar melhor para seus filhos? Como?

Pense em cada área de sua vida e nas coisas que quer atingir para melhorar suas condições. Selecione algumas pequenas metas de forma que possa começar a trabalhar nelas, e criar ou mudar hábitos.

Enquanto faz isso, tenha certeza que as metas que quer atingir são reais, e que você realmente as quer atingir, não as que seus pais ou cônjuges sonham para você, mas as suas próprias. Em família você terá as metas de família a serem feitas com seu cônjuge, mas não esqueça de que cada um terá que trabalhar em metas pessoais para a realização da meta maior.

Estabelecendo metas para a vida

Todos nós já passamos por um momento de nossas vidas onde parece que as coisas simplesmente não acontecem, independente de trabalharmos duro e incessantemente. Seja por circunstâncias externas ou mesmo internas, todos nós precisamos parar de vez em quando, repensar nossos passos e estabelecer algumas metas para atingirmos resultados mais palpáveis, isso em qualquer área de nossas vidas.

O ideal seria encontrar um equilíbrio entre vida profissional, pessoal, familiar, espiritual, financeira, amorosa. Se algo não vai bem, significa que é hora de mudar alguma coisa que não está funcionando. É difícil chegar a um ponto onde todas essas áreas estejam satisfatórias, mas não é impossível chegar a um patamar onde estamos tranquilos e confiantes, desde que façamos algumas metas e as cumpramos.

Por que devemos fazer metas

Grandes atletas e profissionais de sucesso fazem e vivem da realização de suas metas, medindo resultados. Fazer metas nos traz visão de longo prazo, e motivação a curto prazo. Pode-se focar na aquisição de conhecimento, na organização do tempo ou daquilo que precisamos para atingir o sucesso que buscamos.

A chave é não ter muitas metas e manter as coisas simples, nem que seja uma meta de cada vez. Simplicidade é a chave do sucesso, e trabalho duro a realização.

Aprenda 5 sugestões para o estabelecimento de metas.

1. *Brainstorm* (ou chuva de ideias). Faça uma lista do que você gostaria de realizar em sua vida, seja em qualquer área, coloque tudo, desde atributos físicos e mentais, a coisas materiais.

2. Escolha algo que mudará sua vida este ano. Olhe na lista que fez e escolha algo que precisa mais urgentemente e que quer ver acontecer ainda este ano. Pode ser algo que leve 1 a 3 meses, ou 6 a 10, não importa. Tenha certeza que aquela meta fará a diferença em sua vida e que você realmente quer e precisa, isso definirá a sua motivação e paixão por alcancá-la.

3. Crie um mantra. Descreva sua meta em 2 a 5 palavras, escreva-a numa ficha ou mesmo bilhete e coloque a sua vista, seja no computador a sua frente, ou na porta do guarda-roupa, e tenha certeza que você não se esqueça e possa repetir todos os dias. Exemplo: Perder 10 quilos até dezembro. Esse é um mantra a ser buscado todos os dias e mentalizado.

4. O que pode realizar em um mês relacionado à sua meta. Se sua meta levará um ano para acontecer, crie pequenas metas, dia após dia, que ajudarão na realização da mesma. Exemplo: sua meta é reformar a casa; então, de acordo com suas finanças, estipule um valor a ter na poupança para a compra de materiais de reforma no final do mês.

5. O que você pode fazer hoje. Todos os dias quando começar o seu dia, repita seu mantra e já pense em qual atitude terá naquele dia que ajudará na realização de sua meta. Pode ser uma pequena coisa, mas todos os dias terá algo a fazer relacionado à sua meta. Exemplo: Viajar no Natal, então vou economizar hoje não comprando outra roupa em liquidação, e começar a buscar roteiros para a viagem.

Você pode ter uma meta ou mais, mas defina uma de cada vez e comece agora a trabalhar pela primeira. À medida que a rotina é aprendida e torna-se um hábito, pode-se então começar a trabalhar na próxima meta. Exemplo: Se você deseja correr numa maratona, crie um hábito de correr todos os dias. Mas se você também quer escrever um livro, então crie um hábito de escrever no mínimo 500 palavras por dia.

Você pode ter mais de uma meta, mas mantenha-as simples e encontre formas de focar todos os dias em sua realização.

O próximo passo é encaixar suas metas em certas categorias. Você sabe que, para atingir metas maiores, precisamos fazer várias metas menores até que consigamos realizar o que precisamos para atingir resultados. Então aqui, mais algumas dicas:

Fazer metas menores

Metas de 5 anos. Uma vez que você listou as metas de vida em todas as áreas que lhe interessam, você pode fazer uma lista de metas menores para serem buscadas pelos próximos 5 anos, relacionadas com o cumprimento de suas metas gerais.

Metas de 1 ano. Em seguida faça uma lista de metas de 1 ano para conseguir as metas de 5 anos, todas relacionadas com suas metas gerais.

Outras metas em menos tempo. Se houver necessidade, apenas mantenha fazendo metas menores para que as atitudes diárias sejam contadas para o cumprimento de suas metas.

Lista diária. Todos os dias de manhã, tire uns 10 minutos para verificar suas obrigações para o dia e planejá-lo, verificando suas listas de metas semanais, ou mensais, coligadas com as anuais. Inclua todos os dias uma nova atividade relacionada ao cumprimento de metas. E trabalhe para realizá-las, um dia de cada vez.

Não se desviar do caminho

Há tantas distrações e imprevistos no nosso dia a dia. Seja a perda de um emprego, a doença de um parente querido, ou mesmo um acidente, deve-se contar com imprevistos, e não deixar a lista ou as metas de lado. Elas inclusive poderão nos servir de motivação para que tenhamos forças contra as provações da vida.

Uma vez que você tem suas listas, mantenha as atividades diárias revisando-as e incluindo ou excluindo coisas se precisar. Às vezes, temos metas que se cumprem antes do prazo esperado, podemos fazer outra meta relativa a uma meta maior no caso.

De tempos em tempos, revise o plano de vida geral, e mude o que precisa dependendo das prioridades atuais e experiência adquirida.

Metas inteligentes

- Específicas – significativas e reais.

- Mensuráveis – você pode colher resultado palpável.

- Atingíveis – realistas, ações definidas.

- Relevantes – farão a diferença.

- Rastreáveis – podem ser realizadas num determinado período de tempo.

Exemplo: ao invés de fazer uma meta tipo "Emagrecer", faça uma meta específica, tipo "Emagrecer 10 quilos até 15 de janeiro". Colocar um prazo traz urgência de ação específica.
Monte um calendário com metas menores por semana, meça resultados e mantenha-as à vista.

Ferramentas de uso

Alguns podem se assustar com tantas listas a serem feitas, o uso de papel para todo lado. Lembre-se, você pode usar um computador, ou mesmo a opção de notas do telefone. As listas não devem ser quilométricas se você seguir o padrão de metas simples e palpáveis.

Faça listas curtas e quando realizar aquelas metas, faça outras. O bom senso é necessário para conseguir se organizar.

Colocando metas em prática

1. Expresse-as de forma positiva.

2. Coloque prazo para cumprimento.

3. Meça resultados e sucessos.

4. Priorize ações.

5. Escreva uma lista de pequenas metas.

6. Mantenha o plano de ação simples e pequeno.

7. Planeje ações que possua controle total das mesmas, não metas que dependem de outras pessoas.

8. Faça metas realistas.

9. Tenha metas que lhe motivam a ser melhor.

10. Tenha em mente que a realização de suas metas dependerá de quanto esforço e ação você colocará para cumpri-las.

Fazer metas é mais que simplesmente querer que as coisas aconteçam. Você precisa estar consciente do porquê quer que elas aconteçam. Seguindo essas dicas você será capaz de entender e se esforçar a seguir pequenos planos diários, ao cumprimento de planos semanais, mensais e anuais, até sua realização total.

Se uma meta for fácil de concluir, faça metas mais difíceis da próxima vez. A ordem é também melhorar o curso de ação, e ganhar mais experiência. Você é capaz de fazer coisas difíceis e pode desafiar a si mesmo, realisticamente.

Vantagens de se estabelecer metas

- É um método importante de querer chegar a algum lugar na vida.

- Separa o que é importante do que não é importante.

- Ajuda na motivação diária para desenvolvimento de atividades.

- Ajuda a construir sua autoestima e autoconfiança.

- Aumenta a satisfação consigo mesmo pelo fato de poder medir resultados e conseguir cumprir as metas.

- Pode-se começar a qualquer momento a aplicar essa técnica ao longo da vida.

- Traz autocontrole e paciência.

Depois do cumprimento de metas

Digamos que você acabou de cumprir uma meta, seja o término de um curso, a perda de uns quilos a mais, alta de uma terapia, ou a promoção tão esperada. É hora de comemorar! Preste atenção nesses sentimentos de realização, e observe o progresso comparado às metas anteriores.

Com a experiência de ter cumprido uma meta a mais, reveja o restante de suas outras metas:

- Se conseguiu concluir uma meta de forma fácil, faça sua próxima meta com mais desafios.

- Se sua meta levou muito tempo para cumprir, busque metas que sejam mais fáceis ou rápidas de serem realizadas.

- Se você aprendeu algo desta vez que pode facilitar o cumprimento de outras metas, reveja as outras e modifique-as se necessário.

- Se percebeu que se tivesse determinadas habilidades, a meta poderia ser mais bem cumprida, faça metas para adquirir esses talentos.

Lembre-se que se você falhar no cumprimento de suas metas de vida, isso não é tão importante, desde que você não desista de suas metas, e continue buscando-as, independentemente de quanto tempo levar.

Quando você é positivo, faz metas palpáveis, realiza-as, e continua nesse plano de ação, terá uma vida repleta de sonhos realizados. Poderá olhar para trás um dia e sentir-se orgulhoso de ver o esforço e trabalho duro que teve, e isso fará você concluir que cumpriu sua missão de vida.

VENCENDO A SI MESMO

O melhor da vida é ser livre! Ser livre significa não ter vícios que lhe prendam como amarras e o faça depender de certas coisas para conseguir energia, alegria ou qualquer outra coisa necessária à nossa vida diária.

Algumas pessoas acham que ser livre é fazer o que quiser, e isso inclui beber, fumar, usar drogas, passar a noite na rua, chegar de manhã em casa, ter relações sexuais sem compromisso, etc. Mas no final das contas, depois de um tempo levando uma vida dessa forma, distancia-se tanto de si mesmo que talvez se perca no meio do caminho.

O melhor a fazer é cuidar de si, de seus sentimentos. Não se deixar levar por pessoas ou sentimentos destrutivos. Todos temos um termômetro que parece nos avisar quando estamos passando dos limites, quando nosso corpo e mente já não nos deixam raciocinar de forma clara e necessária para nossa sobrevivência.

Como saber que preciso de ajuda?

Para reconhecer quando seus hábitos não saudáveis já passaram do limite e você precisa procurar ajuda antes que algo pior lhe aconteça, observe essas características:

1. Você começa a odiar o fato de que tem o vício.

2. Você odeia a si mesmo por coisas que fez quando estava sob o efeito do vício.

3. Você perdeu a amizade com alguém ou familiar como resultado de seu vício.

4. Você perdeu um emprego e boas oportunidades por causa do vício.

5. As pessoas já não lhe consideram um bom exemplo, muito pelo contrário.

6. Você vive com sentimentos de depressão e já pensou em suicídio.

7. Você já nem liga mais para seu futuro, não quer saber o que vai acontecer em sua vida, somente se preocupa com o final de semana seguinte.

8. Se comparar sua vida com alguns anos atrás, você regrediu bastante.

9. Você começa a entender que é o responsável por seu vício e que não depende de ninguém mais lhe convidar para consumir ou agir da forma que age.

10. Você percebe que já não funciona racionalizar que tem um vício devido à sua infância traumática, à perda de alguém que lhe deixou, ou aos pais que não lhe ensinaram como deveriam.

11. Você finalmente percebe que, mesmo depois de seu cônjuge ou família tenham insistido por anos para que você largue desse vício, você sabe que precisa mesmo se livrar dele de alguma forma.

12. Você admite que não consegue se livrar do vício por você mesmo.

13. Você chega no ponto de pedir ajuda.

Se você tem qualquer tipo de vício, seja fumar, beber, usar drogas, comer demais, fazer exercícios demais, fazer regime demais, fofocar, ver pornografia, furtar, ou mesmo machucar-se, punir-se ou qualquer outro que esteja influenciando sua rotina de forma destrutiva, é hora de parar e tentar colocar a cabeça no lugar.

1. **Você não está sozinho e não precisa carregar o mundo nas costas sozinho.** Há pessoas que poderão lhe ajudar e que são treinadas para isso.

2. **Assuma definitivamente que tem um problema e não sabe como sair dele.** Para vencer um vício será necessária uma longa batalha e você vai desanimar, por isso, nada de achar que pode se virar sozinho. Negar não lhe levará a nada, e retardará os dias felizes e realmente livres que você tem.

3. **Procure ajuda.** Fale com pessoas próximas que você confia e peça ajuda a elas.

4. **Aceite ajuda.** Isso inclui quando familiares e amigos lhe derem conselhos que você precisa frequentar grupos de suporte que auxiliarão na sua recuperação.

5. **Procure ajuda profissional.** Sejam clínicas de recuperação, grupos de apoio, pessoas especializadas.

6. **Verifique condições específicas.** Por exemplo, formas de pagamento, como é o tratamento, tipos de cuidados, website da instituição. Leve sempre alguém com você que lhe ajude a não desanimar.

7. **Tenha paciência consigo mesmo.** Você vai sofrer crises de abstinência e uma vontade terrível de voltar. São as consequências da falta do objeto no seu organismo ou no seu dia a dia. Isso passa, mas você precisa ser firme para não ter

uma recaída. Não importa quanto tempo isso leve, esteja focado no caminho certo.

8. **Se tiver uma recaída, perdoe-se e volte imediatamente ao caminho da recuperação.** Não chute o balde e desista de tudo o que já aconteceu até agora. Foi uma recaída, trate como tal, não desista.

9. **Aceite que terá que reeducar-se em todos os aspectos.** Isso incluirá mudar de amigos, de ambientes, de casa se necessário.

10. **Aprenda a dizer não.** Se tem problema com álcool vai ter que dizer não à convites para o happy-hour. Se tiver problema com pornografia, não assista filmes ou programas que tenham apelo sexual.

Não é fácil se livrar de um vício, mas é possível. Muito provavelmente não poderá voltar a vida que tinha antes, mesmo à vida antes do vício.

O mais importante é ser perseverante e tentar de todas as formas fazer a parte que lhe cabe, seguir conselhos médicos, do terapeuta, e entender que seu corpo mortal possui fraquezas, mas que seu espírito pode vencer todas elas. Pedir ajuda consiste em continuar pedindo sempre que for necessário.

Um dia você será a inspiração que mais pessoas precisam para vencer suas barreiras, e você poderá dizer que vale a pena, que hoje é realmente livre, e que tudo depende da coragem inicial de conseguir pedir ajuda.

O VÍCIO QUE DESTRÓI SUA CAPACIDADE DE AMAR

Sabemos dos problemas no casamento causados pelo vício da pornografia de um dos cônjuges. Esse não é um problema exclusivamente masculino, e existe um número crescente de mulheres viciadas em pornografia.

1. Pode começar na infância.

Existem muitas mulheres que foram vítimas de abuso sexual na infância, ou que têm contato com pornografia entre os 10 e 14 anos de idade, quando a puberdade está despontando e ela começa a desenvolver desejos sexuais. Pela busca de informações e a necessidade que um grupo de amigos ou a sociedade impõe, ela pode ver pornografia. A partir disso começa a transformação.

Então a adolescência chega e se a educação sexual e familiar em casa não for consistente, ela poderá aprender da maneira errada como desenvolver esse lado que deveria ter a correta e devida importância quando estivesse adulta.

A moça então passa por diversas experiências, comete vários erros, machuca-se psicológica e emocionalmente, e um dia casa-se. Na próxima vez que ela tiver sexo com o marido, ela se lembrará de tudo o que viu e viveu. Ela não estará presente e achará a vida de casada muitas vezes chata. Ou não conseguirá se realizar uma vez que confunde intimidade com sexo.

Mulheres que passam por esse tipo de experiência com pornografia se dividem em categorias:

- Aquelas que tiveram experiências dolorosas com sexo e buscam algo diferente.

- Aquelas que não possuem vida sexual plena e satisfatória e tentam reavivar com ideias diferentes.

- Aquelas que foram vítimas de abuso sexual na infância.

- Aquelas que estiveram envolvidas com pornografia na infância e adolescência porque alguém lhes mostrou.

2. Corpo e mente engajados.

Para a grande maioria das mulheres, sexo é um ato que depende delas estarem engajadas mentalmente, não somente fisicamente como a maioria dos homens. Se ela não se excitar mentalmente, provavelmente não terá a resposta de seu corpo. Se por qualquer razão, ela não conseguir colocar sua mente no ato sexual com o marido por quaisquer razões, ela procurará por pornografia para lhe auxiliar e assim não desapontará o marido. Isso não é normal, mas é comum entre as mulheres que se viciam em pornografia.

3. Estar presente e conversar.

Mulheres geralmente não apresentam a compulsão que os homens possuem quanto à pornografia, por isso a dificuldade de assumir o vício. Elas não precisam da atividade constante, mas com o passar do tempo, chegam a um ponto que não conseguem mais ficar excitadas se a pornografia não for parte do ato.

Neste caso o melhor a fazer é:

• Reconhecer o problema.

• Ter sensibilidade para entender que o marido pode ficar tão machucado quanto você ficaria se o problema fosse com ele. Ele pode achar que ele é um amante perfeito e sentir-se traído da mesma forma. Assegure-o que não tem nada a ver.

• Estar presente. Treinar seu corpo a estar presente na relação sexual com seu marido, de corpo, alma e mente. Concentrar-se no toque do marido. Talvez ambos precisem aprender a experimentar a total conexão, quase espiritual do sexo no casamento. Sexo é sagrado, uma bênção divina para união do casal e reprodução, que deve ser utilizada sempre.

• Explique como se sente, e se o marido não conseguir entender, procure ajuda profissional. Amor e intimidade, a conexão emocional que as mulheres precisam, precisa nascer de um casamento. Se não, pornografia não é solução, só faz piorar e criar outros problemas.

TRANSTORNOS QUE LEVAM À DOENÇAS GRAVES

Reconhecendo os sinais de transtorno alimentar:

- Medo intenso de ganhar peso.

- Obsessão com gordura.

- Imagem corporal distorcida.

- Atenção exagerada a regimes ou comida.

- Mania de se exercitar sem uma meta específica.

- Afastamento da família e amigos.

- Forçar o vômito após comer.

- Uso de laxantes e remédios para emagrecer.

- Comer compulsivamente.

Diferença entre anorexia nervosa e bulimia nervosa.

Anorexia nervosa consiste em pessoas que intencionalmente ficam sem comer por um longo período. Na maioria dos casos, inicia na fase de puberdade, a pessoa tem uma queda drástica no peso, e continua achando que está acima do peso. Comida e peso se tornam obsessões. Em alguns casos, a pessoa com anorexia se recusa a comer com outras pessoas ou adquire hábitos estranhos de como se alimentar. E sintomas comuns são a interrupção do período menstrual para as mulheres, e impotência para os homens. O tratamento consiste, na maioria das vezes, em internação, nutrição prescrita seguida de um programa de exercícios.

Bulimia nervosa consiste em a pessoa comer uma grande quantidade de comida e depois provocar o vômito para que coloque para fora tudo o que ingeriu, ou mesmo usando diuréticos ou exercitando-se obsessiva e compulsivamente. Geralmente uma porcentagem em torno de 50% de anoréxicos desenvolvem bulimia.

O que fazer para ajudar alguém com transtorno alimentar.

- Insista gentilmente em conversar, explicando que está preocupado, e ouça o que ele tem a dizer. É normal que negue ou mesmo se ofenda com sua intervenção. Seja persistente independente de sua hostilidade.

- Enfatize suas qualidades e talentos.

- Expresse preocupação sobre sua saúde física e mental, além do relacionamento com família e amigos.

- Não fale sobre tamanho, perda ou ganho de peso, tipo de comida ou calorias. Foque na situação como um todo, não nesses detalhes que são o foco da obsessão.

- Apoie seu amigo acima de tudo, e demonstre empatia com seu medo ou vergonha, e deixe-o saber claramente que você se importa muito para ignorar seu comportamento destrutivo.

- Não dê conselhos, uma vez que pode desencadear um comportamento defensivo e incentivar à obsessão.

- Seja você mesmo, e honesto aos seus sentimentos.

- Não mude seus hábitos alimentares quando junto do seu amigo. Seus hábitos "normais" serão exemplos para seu amigo de uma relação saudável com a comida.

- Incentive-o a procurar ajuda médica e psicológica, e ofereça-se a ir com ele.

A Revista Brasileira de Psiquiatria (7) traz outras alternativas para tratamento de transtornos alimentares.

OPTIMIZANDO O TEMPO NA JORNADA

É bem comum empresas promoverem cursos sobre gerenciamento do tempo para melhorar o rendimento dos seus funcionários. Existem livros, agendas, dicas de priorizar e planejar o dia, de forma que se possa aproveitar melhor o tempo, estressando-se menos e produzindo mais.

O tempo real é mais mental que físico. Enquanto não podemos eliminar as interrupções no trabalho, podemos controlar, ao menos, quanto tempo dispendemos nelas, seja conversando ou fazendo qualquer outra coisa.

Podemos aplicar as mesmas técnicas em nossa vida pessoal e comunitária, e assim conseguirmos ter controle sobre nosso dia e apreciar mais a jornada priorizando o que é mais importante.

Aqui se encontram 10 técnicas que funcionam. Basta praticá-las.

1. Use a agenda

Mantenha o calendário de suas atividades, registrando seus pensamentos e conversas por uma semana. Isso o ajudará a entender a quantidade de coisas que você pode realizar pelo período de um dia, e onde seus momentos mais importantes estão. Você será capaz de saber quanto tempo está gastando para produzir resultados, bem como quanto tempo é perdido em ações, conversas e pensamentos não produtivos.

2. Defina um tempo para realizar uma ação

Fazemos listas de várias coisas, que aumentam cada vez mais, enquanto nossa capacidade de realizá-las diminui. Marcar os horários e quanto tempo gastamos para completar cada tarefa, é essencial. Marcar a hora do início e do término ajuda a separar as tarefas em blocos e partir para a próxima.

3. Resultados em 50% do tempo

Planeje gastar no mínimo 50% do seu tempo diário engajado em tarefas, pensamentos ou reuniões que produzam resultados.

4. Conte com tempo extra para interrupções

Esteja preparado para receber um chamado de urgência ou imprevistos. Eles são normais. Você não deve se estressar por isso.

5. Reserve ao menos 30 minutos para o planejamento

Comece o dia organizando sua agenda. Isso lhe dará a visão correta de todas as atividades que tem no dia. Seja fiel aos horários.

6. Pratique os 5 minutos de concentração e avaliação

Use sempre 5 minutos antes de uma ligação, uma conversa ou uma tarefa, para decidir quais resultados quer obter. Isto o ajudará a saber o tipo de sucesso antes de acontecer. Use 5 minutos após o telefonema ou a tarefa para avaliar se foi capaz de atingir os resultados esperados. Se não, o que faltou? Como pode melhorar a próxima incluindo o que faltou na última?

7. Telefonemas e *e-mails*

Se não for absolutamente importante e crucial para o seu negócio, e não necessite de uma resposta urgente, pratique não atender os telefones ou responder *e-mails* apenas porque eles estão tocando ou aparecendo na tela. Você pode, ainda, desconectar a caixa de mensagem bem como as mensagens de texto. Em vez de interromper seus afazeres com telefonemas e *e-mails*, você pode agendar um horário para fazê-los. A ordem é saber delegar aos outros as tarefas que são secundárias.

8. Limite as distrações

Agende, também, um horário para verificar mensagens pessoais e outras notícias que podem esperar, como verificar o *Facebook* ou outras formas de mídia social, a não ser que elas façam parte da geração de negócios.

9. Bom senso

Lembre-se de que nem sempre é possível conseguir fazer tudo o que se precisa em um dia. Deve-se ter bom senso e lembrar-se de que muitas vezes as conversas, reuniões, telefonemas e e-mails geram 80% dos negócios. Priorizar é essencial. Para trabalhos de qualidade, todo tempo é necessário, e, se preciso, terá de sair do planejado.

10. Adote um estilo de vida saudável

Não se esqueça de obter boas horas de sono, ter uma dieta saudável e fazer exercícios regulares, bem como horas de lazer e cuidar dos relacionamentos com cônjuge e família. Uma rotina saudável pode melhorar o foco e a concentração, o que o ajudará a melhorar seu trabalho e completar suas tarefas no horário. Faça, também, intervalos para diminuir o stress e revisar a agenda. Faça uma caminhada rápida e pratique a respiração, bem como alongamento.

TÉCNICAS PARA LIDAR COM O ESTRESSE

O estresse é uma resposta do organismo e da mente às situações cotidianas. Mesmo situações positivas podem contribuir para o aparecimento de estresse.

O estresse pode constituir um desafio estimulante. Apesar de algumas pessoas apresentarem um bom desempenho sob estresse, a maioria consegue suportar situações de tensão só até certo ponto, a partir do qual podem começar a ter problemas físicos.

Os níveis dos hormônios do estresse normalmente caem logo que o estresse passa, e podemos relaxar. Porém, esses níveis podem continuar altos, caso a situação causadora de estresse se mantenha ou surja com frequência, ou se, em geral, reagirmos intensamente a qualquer tipo de estresse, ainda que de menor importância.

Cerca de 75% das doenças estão relacionadas com o estresse (8). Entre elas estão hipertensão, ataques cardíacos, acidentes vasculares cerebrais (derrames), depressão, ansiedade, síndromes da fadiga crônica e do cólon irritável, distúrbios digestivos, obesidade, enxaquecas e alguns problemas respiratórios

Os sintomas do estresse surgem quando não há adaptação a estas situações, como, por exemplo: trânsito, exigências e pressão no trabalho, mudanças, excesso de informação, desemprego, inseguranças, violência, crises, competição, morte de entes queridos, divórcio, problemas de saúde.

A soma desses fatores pode levar-nos ao estresse contínuo, que pode desencadear doenças e desenvolvimento de certos comportamentos como:

- Memória fraca e falta de concentração ou de motivação

- Cansaço mental ou físico e ansiedade

- Autoestima baixa ou falta de autoconfiança

- Pensamentos pessimistas e depressão

- Pena de si mesmo, inibição, solidão, insociabilidade, sentimentos de rejeição

- Dores de cabeça, apetite e respiração irregular

- Nervosismo, medo, impaciência

Há dois tipos de estresse aos quais devemos ficar atentos:

1. Estresse agudo: é causado por eventos passageiros como acidentes, crises, crimes, mudanças, divórcio, traumas, perdas.

2. Estresse contínuo: é causado por pressões e situações prolongadas como relacionamentos afetivos, trabalho, estudo, educação familiar.

Alguns dos tratamentos e prevenção contra o estresse incluem:

1. Terapias feitas por profissionais competentes

2. Relaxamento físico

3. Exercícios físicos regulares

4.	Alimentação balanceada com frutas e verduras

5.	Exercitar o otimismo

6.	Plantas e Animais domésticos

7.	Hobbies

8.	Risos e boas amizades

9.	Organização do tempo

10.	Respiração profunda

11.	Horários regulares para dormir

12.	Evitar ingerir álcool e cafeína (café, chá, mate, refrigerantes tipo cola)

13.	Não fumar

Nem sempre é possível evitar as situações que causam estresse, mas podemos alterar as nossas reações aos estímulos. Isso permite que os níveis de hormônios do estresse baixem e ajuda-nos a enfrentar, sem muita angústia, o que a vida vai trazendo.

Muitos fatores influem na nossa resposta ao estresse, como idade, sexo, educação, experiência, personalidade, expectativas e saúde. Mas, apesar de não podemos mudar os acontecimentos de nossa vida, podemos controlar ou mudar nossa própria atitude.

CIDADANIA, MORAL E ÉTICA

Já não existe a matéria "Moral e Ética" nas escolas quando grande parte dos governantes a consideram contrária ao politicamente correto pregado pela liberalidade.

Apesar disso, se quisermos um país promissor, comunidades seguras, e uma sociedade mais justa, precisamos começar em nossos lares a aplicar certos princípios exemplificando aos nossos filhos como a educação vem de berço.

Como ser um melhor cidadão:

1. Seja honesto

Não adianta reclamar da corrupção se você não está disposto a viver totalmente a honestidade que requer dos líderes do país. Se cada pai ou mãe der o exemplo de honestidade aos filhos, cada lar, cada bairro, cidade e estado, além de viverem sem corrupção, estarão criando líderes que presidirão o país no futuro.

2. Seja ético

Respeito, educação, paciência, gentileza, amor ao próximo vêm de berço. Aplicar a regra de ouro uns com os outros, começando no lar, é criar seres humanos que respeitarão outros, que falarão baixo, que esperarão a vez, que não tentarão tirar vantagem, enfim, tudo isso começa em casa.

3. Seja simples e econômico

Frugalidade é uma das palavras mais bonitas que existe. Saber viver bem com o básico elimina o materialismo, traz felicidade a partir da gratidão pelo que se tem ao invés de se lamentar pelo que não se tem. Viver a autossuficiência, sem dívidas, mesmo que seja uma vida simples, é a real liberdade.

4. Seja patriota

Isso significa vestir a camisa mesmo quando o barco está afundando. A lealdade ao país é diferente da obediência ao governo e apoio à politicagem, ainda somos brasileiros mesmo que vivendo em meio a injustiça.

5. Sonhe alto

Acreditar que os sonhos podem ser alcançados, viver de forma a realizá-los, e agradecer cada passo dado em direção a eles, com coragem, persistência e honestidade. Sonhos não se tornam realidade facilmente, é necessário trabalho duro, determinação e suor. E isso o brasileiro tem de sobra.

6. Trabalhe duro

Trabalhar é parte da necessidade de viver, não sobreviver. Buscar por melhores condições, sem se alienar, fazendo a diferença, andando a segunda milha, cedo ou tarde trará bons frutos. Como sabemos, sucesso vem antes de trabalho somente no dicionário.

7. Ame e seja amado

Ninguém é perfeito, mas cada um pode encontrar alguém que lhe complete. Tudo depende de respeito, consideração, dedicação, amor e comprometimento. Se você amar a vida, a vida lhe amará de volta.

8. Faça o bem

Cristo disse que "quando servirdes a um de meus pequeninos, a mim o servirdes". Dedicar-se a ajudar as pessoas é abrir a visão, ganhar tolerância, aprender a ser grato e entender o propósito da própria vida.

9. Ame sua família

Afinal, eles lhe conhecem verdadeiramente e apesar de saberem todos os seus defeitos, estão ao seu lado, estarão quando você mais precisar. Madre Teresa disse, "O que você pode fazer para promover a paz no mundo? Vá para casa e ame sua família". Sim, e ensine-os a amar e respeitar as outras famílias da mesma forma.

10. Tenha fé em Deus

Deus é onipotente, onisciente e Pai de todos nós, independente de raça, cor, credo, de acreditarmos n'Ele ou não. Ele não deixa de existir porque algumas pessoas não acreditam n'Ele ou não conhecem a Sua paz. Viva em paz com Ele. Se você ainda tem dúvidas se Ele existe, Ele não tem dúvidas de Seu amor por você. Seja uma luz que O represente a todos a sua volta.

CORAGEM MORAL PARA SER VOCÊ MESMO

Não precisamos ir muito longe. Se você é das décadas de 70 ou 80 deve-se lembrar com carinho de sua infância, onde a família se reunia na casa dos avós aos domingos, havia bem menos tecnologia, e mais pessoas tementes ao Senhor. As drogas não haviam tomado conta de nossa sociedade abertamente como hoje nem as relações amorosas eram tão conturbadas.

Se você cresceu, conseguiu manter o mesmo padrão para o benefício de seus filhos, parabéns! Hoje em dia, muitas coisas são bem mais difíceis do que antes, mas não impossíveis se nos livrarmos definitivamente de nossa covardia moral.

Um mundo sexualizado que destaca o sexo, mas não sua consequência

Hoje em dia, a mídia e a sociedade em geral retrata a sexualidade acentuada de homens e mulheres e seus desejos físicos. Atentem para:

1.   Incentivo ao sexo indiscriminado colocando em primeiro lugar os sentimentos de cada um e o direito à livre sexualidade, não ao nascimento de filhos como prioridade do casamento.

2.   Visão que tira da mulher a necessidade de ser mãe, colocando o fato da mãe que, na maioria das vezes, escolhe cuidar dos filhos em casa, como algo humilhante e sem valor.

3.   Incentivo ao "faça o que quer e o outro que o respeite", onde mulheres saem com homens casados, e homens procuram mulheres casadas ou ambos traem seus cônjuges e os divórcios se proliferam, em sua grande maioria, por problemas que poderiam ser totalmente evitados.

4.   Legalização do aborto em prol das pessoas terem uma escolha sobre o que fazer com as consequências do sexo impensado, excluindo a escolha do próprio bebê e seu direito à vida.

5.   Pornografia que incentiva a indiscriminação e perversão do sexo apenas para prazer, sem considerar em qualquer momento sua função dentro de uma família.

E muitas outras situações que vemos acontecer mundo afora.

Estatísticas preocupantes

- Estamos vivendo a menor taxa de natalidade da história do mundo.

- Há menos de 40% de adultos casados no mundo, onde a maioria dos jovens vive em concubinato.

- A maioria das famílias existentes já não é a tradicional, com uma mãe e um pai casados e com filhos.

- Segundo estatísticas mundiais fornecidas pelas Nações Unidas (9), mais de 33 milhões de abortos ocorrem todos os anos no mundo, e isso somente os que são registrados. Isso dá uma média de 1 aborto por segundo.

- Paralelamente, o número de ateus e pessoas que negam ou mesmo não acreditam em Deus tem crescido exponencialmente.

O plano de Deus inclui todos os seus filhos

Seja de qual gênero, orientação, condição social, credo, raça, cor, o plano do Pai é para todos os seus filhos. É claro que Ele conhece cada um de nós, nossos pontos fracos e fortes, as características de nossa personalidade, as dificuldades de nossos gêneros, e quer o melhor para nós.

E com isso, fica a pergunta: Nascemos somente para vivermos nossa sexualidade sem limites? Será que é mais fácil pregar e tentar acreditar que Deus não existe assim não nos preocupamos com o que Ele pensa? Apoiando as causas variadas mundo afora demonstra respeito às escolhas dos outros ou simplesmente estamos lavando nossas mãos?

O promotor de justiça e especialista familiar Dallin H. Oaks declarou: "Mas as leis dos homens não podem tornar moral algo que Deus declarou ser imoral. O compromisso que assumimos com nossa mais alta prioridade — que é amar e servir a Deus — exige que consideremos Sua lei como nosso padrão de comportamento. (...)Seus mandamentos e nossos padrões a esse respeito. Permanecemos sob o convênio de amar a Deus e guardar Seus mandamentos e de nos abster de servir a outros deuses e a outras prioridades — mesmo àqueles que estão se tornando cada vez mais populares em nossa época e no lugar em que moramos." (10)

Coragem de viver o plano moral de Deus e formar uma família equilibrada

Thomas S. Monson declarou: "Tenhamos a coragem de contrariar o senso comum, a coragem de defender nossos princípios.

A coragem, e não o rebaixamento dos padrões, traz o sorriso da aprovação de Deus. A coragem se torna uma virtude viva e atraente quando é vista não apenas como a disposição de morrer bravamente, mas como a determinação de viver decentemente. Um covarde moral é aquele que tem medo de fazer o que ele acha que é certo porque os outros desaprovariam ou ririam dele. Lembrem-se de que todos os homens têm temores, mas aqueles que enfrentam seus temores com dignidade também têm coragem". (11)

A partir disso, que nos livremos das filosofias dos homens, e possamos defender nossos direitos de ter uma família como ordenada por Deus, e criarmos filhos equilibrados, apresentando-lhes, por exemplo, a coragem que necessitam para serem felizes e progredirem verdadeiramente.

O AUTODOMÍNIO E
A FORÇA DO CARÁTER

Para quem tem sangue quente, pode ser um desafio controlar o temperamento todo o tempo. Alguns chegam aos extremos da bipolaridade, que deve ser tratada com um profissional experiente, outros sentem os efeitos na saúde e nas relações pessoais ou mesmo profissionais.

Se você estiver pronto para aprender a controlar seu temperamento e viver uma vida mais saudável, considere estas 10 dicas:

1. Tire um tempo de castigo.

Isso mesmo. Não é somente para crianças desobedientes. Antes de explodir na primeira oportunidade, conte até 10. Se está muito agitado, relaxar um pouco é necessáro. Faça um intervalo, saia de perto de alguém, enfim, tudo vale para respirar fundo e pensar no que está fazendo.

2. Na calma, fale o que lhe incomoda.

Assim que você conseguir se acalmar, tente falar sem alterar a voz sobre o que lhe incomoda. Expresse sua frustração de maneira assertiva sempre evitando confronto. Seja claro, direto, mas não ofensivo ou tentando controlar a situação.

3. Faça exercícios.

Atividades físicas podem ajudar no controle de emoções, uma vez que estimula vários processos químicos do sistema nervoso, o que lhe faz sentir mais feliz e relaxado.

4. Pense antes de falar.

Nunca discuta quando estiver nervoso. Pensar antes de falar, analisando a situação, não a outra pessoa, é respeitar a si mesmo e ao outro.

5. Tente identificar soluções.

Ao invés de tentar achar um culpado, pense no problema em si e como pode resolvê-lo, procure se organizar com antecedência para evitar imprevistos. Lembre-se sempre que explodir e ofender não vai resolver o problema.

6. Seja específico e não generalize.

Por exemplo, seu filho deixou os brinquedos espalhados onde estava brincando, peça por gentileza que vá arrumar os brinquedos. Diga que você espera que ele ajude com essa tarefa. Nunca diga a um filho: "Você nunca ajuda com nada!". Isso cria sequelas irreversíveis.

7. Não assuma a amargura.

Algumas pessoas tornam-se amarguradas porque sofrem demais. Sofrer demais nem é o problema, o problema é a atitude, ou seja, permitir que problemas, de quaisquer tipos ou nível de gravidade, parasitem nosso corpo bem como nossos pensamentos, tornando-nos amargurados e desesperançosos.

8. Pratique o bom humor.

Não leve as coisas para o lado pessoal. Sarcasmo não é a resposta, mas rir de si mesmo é o primeiro passo para ser mais humilde.

9. Relaxe.

Procure algo que lhe ajude a relaxar. Seja um hobby, esporte, viagem, passeio. Diga a si mesmo para ter calma. Ouça boa e calma música. Pratique ioga. Escreva um diário.

10. Peça ajuda.

Observe-se e saiba pedir ajuda quando precisar. Se depois de tentar todas essas estratégias, mesmo assim sentir-se forçado a rompantes de humor, procure um profissional capacitado, como um psicólogo, que poderá avaliar melhor como você se sente.

Algumas entidades e mesmo websites gabaritados na internet possuem técnicas e dicas para pessoas com problemas de temperamento. O importante é controlar a si mesmo para ser capaz de controlar as outras situações.

O poder do autodomínio e força mental

Segundo o psicólogo e farmacêutico francês Émile Coué (12), entendermos como funciona os processos mentais de Sugestão, Autossugestão e Intuição pode ajudar-nos, no dia a dia, na obtenção de sucesso profissional bem como pessoal.

Algumas definições, segundo Coué:

Sugestão

Coué define sugestão como a *força da imaginação. Exemplo:*

Suponhamos que houvesse no solo uma tábua de 10 metros de comprimento por 25 centímetros de largura. Está claro que todo mundo seria capaz de cruzá-la de uma ponta a outra, sem pôr o pé fora dela.

Mudemos, porém, as condições da experiência e a coloquemos apoiada sobre duas mesas. Alguns tropeçaríam.

Agora, coloquemos a tábua a entre dois prédios interligando seus terraços. Quem teria a coragem de avançar apenas um metro nessa estreita passagem? Por que ousaríam atravessá-la se estivesse no chão, mas temeríam cair se ela estivesse no alto?

O receio de errar os faria, quase com certeza, fracassar. Do mesmo modo, a certeza do êxito os levaria a vencer sempre os obstáculos que porventura encontrassem.

Autossugestão

O princípio prático da autossugestão é a *força de vontade. Exemplo:*

Repita 20 vezes para si mesmo, todos os dias, na hora em que acordar, o seguinte:

"Todos os dias, sob todos os pontos de vista, vou melhorar cada vez mais".

Se você repetir essa frase em forma de ladainha, conseguirá introduzi-la mecanicamente no inconsciente. Este é um método não só curativo, mas também preventivo, e ajuda a maximizar todo nosso potencial.

Intuição

De acordo com nossa evolução pessoal, os dois polos do ser humano são a consciência exterior clara e a consciência interior latente. Elas tendem a fundir-se conforme a vivência de cada um.

Coué explica que quanto *mais sensível à vida nos tornamos, mais intuição desenvolvemos.*

É isso o que acontece com as mães. O senso do eterno que ela gera – coparticipação e cuidado – forma um vínculo com o objeto (os filhos), que faz com que essa evolução seja mais rápida que em outros seres humanos, por exemplo.

A intuição é o conjunto de conhecimentos próprios adquiridos ao longo do tempo através das múltiplas experiências diárias que temos. Ela aflora à mente espontaneamente, não havendo necessidade de que ninguém nos transmita qualquer coisa, pois tais conhecimentos pertencem ao seu universo peculiar e subjetivo. Ou seja, estão em nosso subconsciente (que não controlamos conscientemente).

Entender como funcionam esses processos mentais é indispensável para o autocontrole e autoconhecimento, tão necessários para obtermos equilíbrio em nossa vida. Ao termos consciência deles, teremos a habilidade de controlar nossas emoções. À medida que usamos estes princípios para o nosso desenvolvimento pessoal e profissional, nossa capacidade de concentrar-nos num determinado desejo aumenta na mesma proporção. Estes estímulos mentais funcionam para o nosso bem a partir do instante que utilizamos nossos cinco sentidos. E o sexto também.

Autocontrole: Vencendo o instinto animal como seres inteligentes

O autocontrole é uma qualidade que todos nós, cedo ou tarde, precisamos começar a desenvolver. Seres humanos não são lógicos, portanto, não agem com razão todo o tempo. A emoção tem grande influência em decisões e atos do dia a dia. A melhor forma de adquirir e manter o autocontrole é a prática.

Um bom exercício para começar:

1. Listar as coisas que fazemos em excesso, estar consciente das desvantagens desse excesso, sejam ações, coisas, como gritar, comer, beber, mentir... Não importa. No fundo sabemos coisas que precisamos melhorar.

2. Após identificar a situação, podemos começar retirando aquilo de nossa rotina por uma semana, depois por duas, até que não seja mais um hábito errado.

3. Quando perceber que conseguiu abrir mão do mau hábito por uma semana, estará preparado para conseguir mudar hábitos maiores. Pode estender este período para um mês, dependendo do problema.

Walter Mischel, na Universidade de Stanford, conduziu um famoso estudo conhecido por muitos chamado "O Experimento do Marshmallow". Nos anos 60, a um grupo de crianças de 4 anos de idade foi dado um marshmallow e prometido ganhar outro se pudesse esperar 20 minutos antes de começar a comer o primeiro. Algumas crianças não puderam esperar, mas outras conseguiram esperar.

Os pesquisadores então seguiram o progresso pessoal de cada uma daquelas crianças até a adolescência, e concluíram que aqueles que tinham a habilidade de saber esperar tinham mais autocontrole e confiança, Q.I. mais avançado, e obtinham melhores notas nos estudos, bem como suas vidas sociais eram mais pacíficas e não apresentavam conflitos constantes.

A busca da gratificação instantânea, principalmente com o

advento da tecnologia através de celulares, tabletes, internet, redes sociais, tem feito com que falhemos em controlar a nós próprios.

Dicas, técnicas e exercícios para aumentar nosso autocontrole

1. Tome consciência de suas emoções.

Não podemos controlar o que não conhecemos. Explorar nossas emoções sem medo e sem censura, positivas ou negativas, principalmente as que são reprováveis é o ponto inicial da mudança.

2. Listar também ações e reações irracionais ou inconscientes.

Isso exige atenção, uma vez que muito de nosso comportamento é resultado de nossa própria história de vida.

3. Praticar o bom humor.

A dramatização exagerada de momentos difíceis é uma agressão que fazemos a nós mesmos.

4. Ser flexível.

Quando somos radicais demais e exigimos muito dos outros e de nós mesmos, situações de estress intenso provocam reações indesejadas. Adiar e priorizar o que é realmente importante ajuda no controle das situações.

5. Deixar pra lá o que não é importante.

Muitas vezes quando não temos o controle total e imediato das circunstâncias que nos cercam, desencadeiam em nós emoções e ações que nos arrependemos mais tarde. Novamente, precisamos avaliar se algo é tão importante que não possa esperar, que precise ser resolvido quando todos ainda estão de cabeça quente. Enfim, deixar a situação esfriar e resolver quando todos estiverem mais calmos é um bom hábito a se adquirir.

O importante é não esperar perder o controle para admitir ou decidir que precisa-se aprender a manter o equilíbrio. As mudanças não ocorrem da noite para o dia, mas pouco a pouco podemos ser melhores.

O autocontrole exige autodeterminação e força de caráter. Ele expande nossos dons e talentos de maneira notável. É o poder da nobreza do homem.

SABER OUVIR: FERRAMENTA UNIVERSAL

Todos nós chegamos num ponto de nossas vidas onde nos avaliamos. Seja quando nos perguntamos se somos bons amigos, bons maridos ou esposas, bons profissionais, bons pais, enfim. Queremos melhorar nossas habilidades nas relações pessoais e muitas vezes não conseguimos ver com clareza o que precisamos fazer para que tal coisa aconteça.

Seja num casamento, numa relação com os empregados ou chefe, com os filhos pequenos ou adolescentes, com os amigos, não importa, mais cedo ou mais tarde descobrimos que o que falta para que tenhamos melhores interações com as outras pessoas depende de uma coisa simples: saber ouvir.

Algumas dicas de qualidades que podemos desenvolver com dedicação e decisão para sermos bons ouvintes e assim melhorar praticamente todos os apectos de nossa vida:

1. Fique quieto.

Deixe a outra pessoa falar. Espere-a terminar de falar. Tente repetir o que ela disse para confirmar que entendeu como ela quis explicar. Mesmo que tenha algo a dizer sobre algo que ela disse antes, não a interrompa, aguarde a sua vez. Não tente também adivinhar o que o outro irá dizer, e isso vale até para os filhos pequenos.

2. Concentre-se.

Para ouvir bem, você precisa se concentrar no que a pessoa diz, não ficar pensando em algo que esteja preocupado ou nada mais. Balance a cabeça, ria, demonstre o sentimento enquanto ela fala para mostrar que está concentrado no que ela diz. Faça perguntas se precisar de mais informações para entender o que ela está dizendo.

3. Contato visual.

Olhe nos olhos dela quando ela fala com você. Não se preocupe com pessoas ou nada que passe por você. Não olhe para o relógio! Isso demonstra que você não vê a hora que a conversa acabe e não está interessado em saber o que a pessoa tem a dizer.

4. Não se sinta na obrigação de dizer nada.

Além do breve resumo que poderá dar ao término, tentando identificar o que ela está sentindo, se sentir a necessidade de se manter em silêncio, não há problema. Não dê conselhos, nem sugestões ou críticas, a não ser que a pessoa lhe convide claramente a isso. Se ela estiver muito nervosa, a ordem é acalmá-la primeiro, e depois poderão conversar mais. Vá além das palavras, preste atenção na entonação, nos gestos e contexto das situações.

5. Não fique pensando na resposta.

Deixe para pensar no que você vai dizer como resposta depois que ela acabar, nem que tenha que pedir uns minutos para processar seus pensamentos primeiro. Evite maquinar sua resposta. Ouça com atenção até o fim e procure lembrar dos pontos que concorda e discorda.

6. Lide com as interrupções.

Mesmo que você não interrompa a outra pessoa, muitas vezes algumas interrupções podem acontecer, como o telefone que toca, alguém que bate à porta, mensagens ou imprevistos. Se você está em uma conversa séria que não pode esperar, pergunte com educação aos que o interrompem se pode ligar em alguns instantes.

7. Use a empatia.

Queira você concorde ou não, aceite ou não, use de empatia para poder entender melhor a outra pessoa e o que ela pensa ou sente a respeito. Aí você poderá explicar o porquê pode, ou não, contribuir ou fazer o que ela precisa. Não analise ou diga que ela está errada apenas pelo seu ponto de vista. Mantenha a ponte da confiança aberta, de forma que ela sinta-se bem para voltar a conversar com você.

Observe aqueles que considera bons ouvintes. Pergunte a si mesmo o que eles fazem que você precisa melhorar. Siga seu exemplo, conserte hábitos e adquira outros melhores.

O bom uso da comunicação é o que realmente difere o ser humano dos animais.

ENCONTRANDO SUA VOZ CONTRA O ABUSO E A VIOLÊNCIA

Vamos aprender um pouco mais sobre como identificar o que é violência doméstica e saber como e onde buscar ajuda.

1. O que é a Violência Doméstica?

Violência doméstica, de acordo com a Wikipedia, "*é a violência, explícita ou velada, literalmente praticada dentro de casa ou no âmbito familiar, entre indivíduos unidos por parentesco civil (marido e mulher, sogra, padrasto) ou parentesco natural pai, mãe, filhos, irmãos etc. Inclui diversas práticas, como a violência e o abuso sexual contra as crianças, maus-tratos contra idosos, e violência contra a mulher e contra o homem (...) além da violência sexual contra o parceiro.*" (13)

2. Como identificar que a violência está ocorrendo com você?

Se você tem medo das atitudes de seu companheiro(a), já foi agredido(a) e ainda sofre violência física, psicológica ou sexual no seu relacionamento, você está sendo uma vítima. A Violência doméstica é classificada por espancamentos, abusos sexuais, danos morais, maus tratos a crianças, mulheres (homens também, em menor escala) e idosos. O perfil do agressor é caracterizado por autoritarismo, falta de paciência, irritabilidade, grosserias e xingamentos constantes, muitas vezes acompanhados de alcoolismo e outras drogas.

3. A Violência Doméstica é um crime reconhecido pela lei brasileira?

Sim. O Brasil é o campeão em violência doméstica num ranking de 54 países. Os números são alarmantes. A cada 16 segundos uma mulher é agredida por seu companheiro, e 70% das mulheres assassinadas foram vitimas de seus próprios maridos. Felizmente, o país já possui leis, em especial a lei Maria da Penha, para controlar e punir os casos existentes.

4. O que é a Lei Maria da Penha?

Biofarmacêutica, *"Maria da Penha Maia* (14) *lutou durante 20 anos para ver seu agressor condenado. Ela virou símbolo contra a violência doméstica. Em 1983, o marido dela, o professor universitário Marco Antonio Herredia, tentou matá-la duas vezes. Na primeira vez, deu um tiro e ela ficou paraplégica. Na segunda, tentou eletrocutá-la. Na ocasião, ela tinha 38 anos e três filhas, entre 6 e 2 anos de idade. A investigação começou em junho do mesmo ano, mas a denúncia só foi apresentada ao Ministério Público Estadual em setembro de 1984. Oito anos depois, Herredia foi condenado a oito anos de prisão, mas usou de recursos jurídicos para protelar o cumprimento da pena. O caso chegou à Comissão Interamericana dos Direitos Humanos da Organização dos Estados Americanos (OEA), que acatou, pela primeira vez, a denúncia de um crime de violência doméstica."* Hoje, temos a Lei 11.340/06 conhecida como Lei Maria da Penha.

5. O que a lei ajuda nos casos de Violência Doméstica?

A lei triplicou a pena para agressões domésticas contra mulheres e aumentou os mecanismos de proteção das vítimas. A Lei Maria da Penha aumentou de um para três anos o tempo máximo de prisão – o mínimo foi reduzido de seis meses para três meses. A mulher poderá também ficar seis meses afastada do trabalho sem perder o emprego se for constatada a necessidade da manutenção de sua integridade física ou psicológica. O Brasil passa a ser o 18º país da América latina a contar com uma lei específica para os casos de violência doméstica e familiar contra a mulher.

6. O que fazer em caso de Abuso ou Violência Doméstica?

O primeiro passo é se informar. Conhecimento traz segurança e a vítima pode se afastar de alguém que tenha um perfil de agressor.

O segundo passo é denunciar. No Brasil., discando **180,** de qualquer lugar do país, você terá acesso à Rede de Atendimento à Mulher, onde receberá informações sobre o que fazer e onde ir. Você também pode visitar o site do governo (15), onde poderá obter várias informações sobre os direitos da vítima.

Alerta para vítimas de abuso

Os danos na vida de quem sofre abuso, seja emocional, físico, mental, sexual, são imensuráveis. A autoestima e autoconfiança simplesmente são destruídas. A maioria dos abusos vêm com o pior do abuso emocional que consiste na pessoa ouvir que não tem valor, que não é digna, que não merece ser feliz.

O abuso traz um círculo vicioso que vai da violência ao arrependimento e esperança, passando por períodos de amor e afeição, seguidos de períodos de tensão e medo, e períodos onde a violência explode, seguidos de arrependimento e pedidos de desculpas, amor e tolerância, e depois abuso e violência novamente, que escraviza a vítima de tal forma que ela não consegue se imaginar fora daquilo, e muitas vezes acha que aquele tipo de relação é comum.

1. Saia dessa relação

Acredite, você não está sozinha, e você tem direito a ter uma relação saudável com alguém que lhe respeite e lhe goste pelo que você é. Se você se encontra em uma relação abusiva, você deve imediatamente sair dessa situação. Os próximos passos serão menos difíceis que se manter nela. Decida que merece ser feliz.

2. Reconstrua sua vida

Isso pode levar algum tempo, mas a paz que terá daqui para frente a ajudará a fazer o que precisa. Mude de casa, de cidade, se necessário, volte à escola, frequente lugares diferentes. Viva um dia de cada vez.

3. Tenha paciência consigo mesma

O mais difícil é a decisão de sair dessa vida. Talvez você precise de terapia, mediação de conflitos, ajuda profissional de quem poderá lhe guiar na reconstrução de sua autoconfiança, e na confiança a outros.

4. Frequente um grupo de apoio

Conhecer mais pessoas e frequentar locais onde pessoas que sofreram violência podem colocar para fora o que sentem. Pode ser até mesmo um grupo on-line.

5. Dê valor a si mesma

Uma vez que você comece seu caminho de volta a si mesma, lembre-se sempre que você tem valor e precisa de sua autoestima para poder ser feliz.

Faça um exercício: Pegue papel e caneta e escreva "Quem é você?". Liste quem você é, as coisas que gosta, os sonhos que têm. Você vai notar como é difícil fazer essas listas, e o quanto esqueceu de si mesma enquanto estava naquela relação. Mas, seja positiva! Continue fazendo a lista. E acima de tudo:

• *Informe-se* . Autoconfiança começa em você. Leia livros louváveis que elevam seu espírito e lhe inspiram a ser melhor.

• *Faça algo a seu favor todos os dias.* Planeje desafios, crie novos e melhores hábitos.

• *Pare definitivamente com os pensamentos negativos.*

Esteja consciente de que as coisas não mudarão da noite para o dia, mas tendo paz em sua vida, você estará no caminho do progresso e vencendo a guerra.

O CÍRCULO DA VIOLÊNCIA E COMO RECONSTRUIR A CONFIANÇA APÓS O ABUSO

Em março de 2015, uma notícia triste abalou todo o Brasil. O corpo da comissária de bordo Michelli Nogueira Arrabal (16) foi encontrado dentro de uma mala embaixo de uma ponte. Os policiais que a encontraram, identificaram o corpo e foram até sua residência. Chegando lá, encontraram a família que havia encontrado o marido, Julio Arrabal, enforcado, sendo que havia sinais de suicídio. Julio, principal suspeito do assassinato de Michelli, estava envolvido com drogas, e familiares contam que ela havia ameaçado deixá-lo, já que ele já havia passado por várias clínicas de reabilitação, mas voltava ao vício e não parava em empregos.

O que nos esquecemos muitas vezes é que o cônjuge violento também precisa de ajuda, mas é imprescindível que a vítima saiba reconhecer o perfil do agressor para que possa se precaver de sofrer violência doméstica, que pode ser emocional, física ou sexual. Para isso, entender como funciona o ciclo da violência pode evitar uma situação ou mesmo salvar uma vida.

Um exemplo: Um homem machuca fisicamente sua mulher numa briga. Após o acontecido, ele se sente culpado, com remorso, desculpa-se, promete que aquilo não se repetirá. A lua de mel se instala até que a mulher o desculpe. Após alguns dias, ele começa a encontrar defeitos no que ela faz ou é, diz que ela o provoca, demonstrando ciúmes excessivos, desconfiando de seus atos, explicando o porquê age daquela forma. As brigas se reiniciam, e podem conter ofensas, xingamentos que colocam a autoestima da mulher no chão. Nessa fase, ele diz que não vai machucá-la novamente e age ainda como arrependido, mas sem muito autocontrole. Um acontecimento qualquer no trabalho ou na família que o irrite é suficiente para que ele a culpe por qualquer coisinha, que na visão dele, "ele justificará seus atos violentos", escalando para mais violência, e cada vez pior.

Veja o infográfico abaixo que exemplifica a informação que consiste o ciclo. Há grupos de suporte para mulheres e homens espalhados mundo afora para ajudá-los a entender como a violência acontece. Se você está passando por isso, ou não tem certeza se a sua situação constitui ou não violência doméstica, leia com atenção.

Fase da Explosão

Abuso: Ele escala uma briga a partir de um detalhe sem importância, tentando mostrar "quem manda aqui", usando ameaça, violência física ou sexual.

Fase da Reconciliação

Culpa: Depois de lhe machucar, ele se sente culpado, nem tanto sobre o que acabou de fazer, mas sobre a possibilidade de você contar a alguém ou ele ser punido por isso.

Desculpas: Ele racionaliza a situação e começa a colocar defeito nos seus atos.

Fase da Lua de Mel

Comportamento normal: O agressor faz tudo o que pode para ser visto como um cavalheiro, mima a pessoa e faz do clima uma verdadeira lua de mel. Ou seja, ganha novamente o controle e a esperança da vítima em achar que ele está mudando.

Intensificação da Tensão

Fantasia: Após algum tempo, lhe acusa de traição, age violentamente, podem conter gritos, desconfianças, uma verdadeira paranoia e ciúme sem motivo. Quase que planejando ou se desculpando como lhe agredirá novamente de forma a você não achar que ele o tenha feito.

Nova ocorrência do abuso: A violência ocorre novamente, e ele cria uma situação onde pode justificar o porquê de seus atos.

A repetição das desculpas e o remorso bem como suas ações gentis entre um episódio de violência e outro podem reduzir a autoestima de uma mulher a zero e fazer com que ela tenha coragem de se livrar da situação é bem difícil. "Mas eu dependo dele", "Ele paga as contas", "Ele é nervoso, mas é boa pessoa", "Ele é um animal, mas é carinhoso e bom pai" – esses são pensamentos corriqueiros e comuns das vítimas de abuso, às vezes por anos.

Preste atenção nestes sentimentos em relação ao seu parceiro:

1. Você fica ansiosa para agradá-lo ou tem medo de dizer qualquer coisa que o "provoque".

2. Faz tudo o que ele quer para não contrariá-lo ou deixá-lo nervoso.

3. Sempre que pode checa o telefone dele ou os bolsos para ver o que ele está fazendo.

4. Ele lhe liga durante o dia várias vezes para ver como você está e checar o que está fazendo.

5. Seu parceiro tem um temperamento explosivo, ciumento ou possessivo.

6. Depois de uma briga, você tenta esconder marcas pelo corpo, usando desculpas como se fossem acidentes.

7. Pede aos filhos, se presenciaram o acontecido, que não contem a ninguém.

8. Você falta ao trabalho, escola, ou deixa de ir a eventos, sem ter uma explicação.

9. Ele acha ruim que você converse com suas amigas ou familiares, mesmo por telefone.

10. Raramente leva você em eventos ou ocasiões sociais onde seja vista com ele em público.

11. Ele controla o total de quanto você gasta, cartões de crédito e uso do carro.

12. Você tem autoestima baixa, depressão, baixa autoconfiança, além de pensamentos suicidas e infelicidade generalizada.

Há muitos detalhes que denunciam uma personalidade agressiva. Tome muito cuidado para você não se transformar e destruir sua inocência e personalidade, agindo muitas vezes da mesma forma que seu agressor para "se defender". Isso pode minar suas chances de se recuperar do abuso e a transformará numa pessoa amargurada e solitária, que fará uma generalização em relação aos homens, achando que todos são assim.

Se você está passando por isso ou conhece alguém que está passando por essa situação, não espere a situação escalar como aconteceu com a Maria da Penha e tantas outras mulheres que sofrem abuso. Denuncie. Proteja-se. Você merece uma vida digna, feliz e é mais forte do que pensa que é.

Reconstruir a confiança numa vítima de abuso

Os danos na vida de quem sofre abuso, seja emocional, físico, mental, sexual, são imensuráveis. A autoestima e autoconfiança simplesmente são destruídas. A maioria dos abusos vêm com o pior do abuso emocional que consiste na pessoa ouvir que não tem valor, que não é digna, que não merece ser feliz.

Mulheres que já passaram por algum tipo de abuso ou assédio têm, na grande maioria das vezes, sua autoestima e autoconfiança comprometidas, e acabam se desculpando por tudo, mesmo no ambiente profissional ou comunitário. Muitas mulheres acabam pedindo "Perdão!" ou dizendo "Desculpe-me" demais. Repare nas mulheres a sua volta. O mais importante é saber que, por mais que isso seja automático, quase um vício de linguagem, ou mesmo que seja dito porque nos sentimos inferiores, menores, menos importantes, não precisamos ficar nos desculpando por tudo e podemos mudar o hábito, se trabalharmos nossa autoestima.

O abuso traz um círculo vicioso que vai da violência ao arrependimento e esperança, passando por períodos de amor e afeição, seguidos de períodos de tensão e medo, e períodos onde a violência explode, seguidos de arrependimento e pedidos de desculpas, amor e tolerância, e depois abuso e violência novamente, que escraviza a vítima de tal forma que ela não consegue se imaginar fora daquilo, e muitas vezes acha que aquele tipo de relação é comum.

1. Saia dessa relação.

Acredite, você não está sozinha, e você tem direito a ter uma relação saudável com alguém que lhe respeite e lhe goste pelo que você é. Se você se encontra em uma relação abusiva, você deve imediatamente sair dessa situação. Os próximos passos serão menos difíceis que se manter nela. Decida que merece ser feliz.

2. Reconstrua sua vida.

Isso pode levar algum tempo, mas a paz que terá daqui para frente a ajudará a fazer o que precisa. Mude de casa, de cidade, se necessário, volte à escola, frequente lugares diferentes.

3. Tenha paciência consigo mesma.

O mais difícil é a decisão de sair dessa vida. Talvez você precise de terapia, mediação de conflitos, ajuda profissional de quem poderá lhe guiar na reconstrução de sua autoconfiança, e na confiança a outros.

4. Frequente um grupo de apoio.

Conhecer mais pessoas e frequentar locais onde pessoas que sofreram violência podem colocar para fora o que sentem. Pode ser até mesmo um grupo on-line.

5. Dê valor a si mesma.

Uma vez que você comece seu caminho de volta a si mesma, lembre-se sempre que você tem valor e precisa de sua autoestima para poder ser feliz.

Faça um exercício: Pegue papel e caneta e escreva "Quem é você?". Liste quem você é, as coisas que gosta, os sonhos que têm. Você vai notar como é difícil fazer essas listas, e o quanto esqueceu de si mesma enquanto estava naquela relação. Mas, seja positiva! Continue fazendo a lista. E acima de tudo:

    • *Informe-se* . Autoconfiança começa em você. Leia livros louváveis que elevam seu espírito e lhe inspiram a ser melhor.

    • *Faça algo a seu favor todos os dias.* Planeje desafios, crie novos e melhores hábitos.

    • *Pare definitivamente com os pensamentos negativos.*

    Esteja consciente de que as coisas não mudarão da noite para o dia, mas tendo paz em sua vida, você estará no caminho do progresso e vencendo a guerra.

RECONHECENDO A ANSIEDADE E DEPRESSÃO DE OUTROS SENTIMENTOS

O que é depressão?

Depressão é uma palavra frequentemente usada para descrever nossos sentimentos. Todos se sentem "para baixo" de vez em quando, ou de alto astral às vezes. Tais sentimentos são normais. A depressão, enquanto evento psiquiátrico, é algo bastante diferente, é uma doença e exige tratamento como outra qualquer.

2. Quais os sintomas da depressão?

Os sintomas da depressão são muito variados, indo desde sensações de tristeza, passando por pensamentos negativos até as alterações da sensação corporal, como dores e enjôos. Contudo, para se fazer o diagnóstico é necessário um grupo de sintomas centrais:

- Perda de energia ou de interesse

- Humor deprimido

- Dificuldade de concentração

- Alterações do apetite e do sono

- Lentificação das atividades físicas e mentais

- Sentimento de pesar ou fracasso

Os sintomas corporais mais comuns são: sensação de desconforto no batimento cardíaco, constipação, dores de cabeça, dificuldades digestivas.

Outros sintomas, que podem vir associados aos sintomas centrais, são:

- Pessimismo

- Dificuldade de tomar decisões

- Dificuldade para começar a fazer suas tarefas

- Irritabilidade ou impaciência

- Inquietação

- Achar que não vale a pena viver, desejo de morrer

- Chorar à toa

- Dificuldade para chorar

- Sensação de que nunca vai melhorar, desesperança

- Dificuldade de terminar as coisas que começou

- Sentimento de pena de si mesmo

- Persistência de pensamentos negativos

- Queixas freqüentes

- Sentimentos de culpa injustificáveis

- Boca ressecada, constipação, perda de peso e apetite, insônia, perda do desejo sexual

3.　Quais as causas da depressão?

A causa exata da depressão permanece desconhecida. A explicação
mais provavelmente correta é o desequilíbrio bioquímico dos
neurônios responsáveis pelo controle do estado de humor. Esta
afirmação baseia-se na comprovada eficácia dos antidepressivos. O
fato de ser um desequilíbrio bioquímico não exclui tratamentos não
farmacológicos.

Os eventos estressantes provavelmente disparam a depressão nas
pessoas predispostas, vulneráveis. Exemplos de eventos estressantes
são: perda de pessoa querida, perda de emprego, mudança de
habitação contra vontade, doença grave. Pequenas contrariedades não
são consideradas como eventos fortes o suficiente para desencadear
depressão, que pode durar um período ou se instalar por mais tempo.

4. Quais os tratamentos para a depressão?

O tratamento da depressão é essencialmente medicamentoso.
Existem mais de 30 antidepressivos disponíveis. Ao contrário do que
alguns temem, essas medicações não são como drogas, que deixam a
pessoa eufórica e provocam vício. A terapia é simples, dirigida e, de
modo geral, não incapacita ou entorpece o paciente. O ideal é o uso
controlado por um determinado período de tempo, que o médico
prescreverá numa consulta.

Alguns pacientes precisam de tratamento de manutenção ou
preventivo, que pode levar anos ou a vida inteira, para evitar o
aparecimento de novos episódios. A psicoterapia ajuda o paciente,
mas não previne novos episódios, nem cura a depressão.

A técnica auxilia na reestruturação psicológica do indivíduo, além de
aumentar a sua compreensão sobre o processo de depressão e na
resolução de conflitos, o que diminui o impacto provocado pelo

estresse.

Ansiedade e depressão durante a gravidez

Embora a gravidez seja um período de extrema alegria pelo novo ser que estamos gerando, esta não é uma realidade para todas as mulheres. Algumas sofrem com depressão e ansiedade além de acentuado estresse.

Há muitas razões do porquê algumas mães sofrerem com ansiedade e depressão na gravidez, e estas podem ser:

- História familiar de depressão e ansiedade.

- Casamento com problemas.

- Tratamentos de fertilidade.

- Ter sofrido um aborto espontâneo prévio.

- Ter uma gravidez complicada.

- Estar passando por várias situações de vida estressantes.

- Ter sofrido violência doméstica no passado.

- Se é solteira, não planejou a gravidez.

Algumas sugestões sobre como lidar com ansiedade e depressão na gravidez, dadas por médicos e centros de mães.

1.	Tomar um banho morno antes de dormir e dormir 45 minutos a mais, pelo menos de manhã, ajuda com a disposição durante o dia.

2.	Se você trabalha durante o dia, faça o que puder no horário do almoço e descanse um pouco, assim, quando chegar em casa poderá relaxar.

3.   Mantenha uma rotina de exercícios leves, próprios para mulheres grávidas, que lhe trará mais energia e um sono melhor.

4.   Tire uma soneca à tarde, nem que seja de 20 ou 30 minutos.

5.   Mantenha uma boa relação com seu chefe e cheque seus direitos para ter certeza que tudo vai correr bem quando o bebê chegar.

6.   Cuide de você e de sua barriga, passe óleo de bebê no banho, pode ajudar com marcas de estrias também.

7.   Compre pratos e talheres descartáveis, para diminuir o serviço da cozinha por um tempo.

8.   Compartilhe seus sentimentos, se não com o marido, com uma amiga que tenha passado ou esteja passando pelo mesmo processo, ou mesmo com sua mãe, desde que sejam positivos.

9.   Quando sentir que está tendo muitas emoções negativas, tire um tempo para relaxar. Faça meditação, leia uma revista, converse com uma amiga, ou caminhe. Desligar-se de tudo por 5 minutos que seja, ajuda muito.

10.   Respire fundo. Proteja-se e tente aproveitar o momento.

11.   Prepare sua bolsa de hospital 1 ou 2 meses antes do nascimento do bebê. Assim não precisará se preocupar com isso nos últimos, e mais pesados, meses.

12.   Tenha empatia por você mesma. Os hormônios na gravidez trazem mais ansiedade e certa depressão, por isso observe-se. Se estiver fugindo do controle, procure ajuda.

Todos os sintomas de ansiedade e depressão na gravidez podem influenciar na maneira como você veja você mesma, sua relação com o cônjuge e com a vida em geral. Se a coisa estiver passando do limite, procure ajuda. Depressão pós-parto geralmente tem suas raízes ainda na gravidez, e o que você mais precisa é estar sã e bem para poder dar as boas-vindas a maior de suas bênçãos, um filho.

A QUEM AMA ALGUÉM COM DEPRESSÃO

De acordo com a Organização Mundial de Saúde, há mais de 350 milhões de pessoas ao redor do mundo com depressão. Em algum momento de nossa vida, conheceremos alguém que vive com essa doença ou nós mesmos a teremos. Todos nós conhecemos alguém que já experienciou esse mal, sejam momentos de depressão ou depressão diagnosticada, e seus sintomas devastadores, e todo o criticismo que vemos em torno dela.

É muito importante que, antes de emitirmos qualquer palpite a respeito, procuremos nos informar. Podemos lembrar também que o mundo dá voltas, e hoje, alguém que você ama está sofrendo com a depressão, amanhã pode ser você.

Porém, há 20 pequenas coisas que podemos nos lembrar quando interagirmos com aqueles que estão passando por isso, que ajudarão a desmistificar o fato de que depressivos são inválidos. São elas:

1. Pessoas com depressão são pessoas extremamente fortes de caráter

O filósofo e psiquiatra, Dr. Neel Burton, numa palestra Tedx (17) recente, explicou que a depressão pode representar a busca profunda da vida, e uma pessoa que passa por isso pode estar buscando por si mesma num mundo completamente fora de controle. Segundo Dr. Burton, nomes como Abraham Lincoln e Winston Churchill passaram pela depressão em sua busca por paz, felicidade e acabaram mudando o mundo. A depressão pode levar as pessoas ao fundo de suas almas, mas não tem nada a ver com medo, covardia ou ignorância.

2. Eles não querem incomodar ninguém, mas amam quando você se importa

Somente uma pessoa com depressão sabe como é difícil pedir ajuda sem se sentir culpada, por isso se isolam, para que não causem impacto negativo na vida de outras pessoas. Elas não buscam por atenção, muito pelo contrário, são mais realistas do que a maioria das pessoas parece, mais sinceras, mas amam quando alguém as trata como uma pessoa socialmente ativa. Um familiar, vizinho ou colega que consegue desenvolver uma conversa normal é altamente valorizado. Elas precisam de sua presença mais que nunca. Madre Teresa disse que "A pior e mais terrível pobreza é a solidão, e o sentimento de não ser amado". Se você ama alguém com depressão, demonstre este amor.

3. Eles não são "defeituosos" ou "inválidos", e possuem muitos talentos e interesses

Todos nós temos talentos, e todos nós temos dificuldades. Alguns com falta de dinheiro, problemas no casamento, outras doenças, ou mesmo depressão. Embora a causa de alguns tipos de depressão não são conhecidos, nem por isso podemos marginalizar pessoas que a possuem. A qualidade de uma pessoa ou quem são não está nas dificuldades que elas têm na vida. A melhor coisa que você pode fazer é ajudá-la a sentir-se inteira, valiosa e forte, desenvolver seus talentos e paixões e apagar a negatividade de sua identidade, que a faz pensar que é inútil.

4. Eles são filósofos naturais e amam aprender como a vida funciona

Uma de minhas melhores amigas luta contra a depressão. Sua sabedoria me encanta. Ela é uma leitora voraz, e nunca para de aprender. Busca estar sempre ativa e entender as nuances dos sentimentos que possui sobre a vida, o amor e a paz. Depressão não é uma deficiência. Ninguém tem todas as respostas para as perguntas que a vida traz, ou sabe como resolver todos os problemas. Pessoas com depressão amariam a oportunidade de transformar o mundo em um lugar melhor, então reconheça que elas são inteligentes, inquisitivas, curiosas e criativas, e tudo isso é muito positivo.

5. Pessoas com depressão são dignas de respeito, suporte, admiração e amor

Elas se importam com as pessoas e são sensíveis para perceber como se sentem ao serem discriminadas e maltratadas. Elas não planejam perder a batalha contra a depressão, e viverem de autopiedade e tristeza. Elas querem sair dessa vida, e querem ajudar quem por isso passa a vencer esses sentimentos. Elas apreciam qualquer ajuda que recebem e gostam de retribuir. Elas precisam ser respeitadas. Não deixe que a depressão minta para você. Separe quem você ama da doença. Não é necessário pisar em ovos, mas uma rotina com propósito pode ser um bom remédio para acalmar os sintomas. Elas ainda são capazes de sorrir, se divertir, socializar e viver.

6. Eles podem se sentir tristes por nenhuma razão, mas não leve isso para o lado pessoal

Seu humor pode mudar, estar bem num dia mas não no outro, sorrir agora e chorar em alguns minutos. Isso não é algo que o portador de depressão consiga controlar. Você pode estar fazendo tudo para ele ser feliz, se animar e participar da vida familiar, mas ele simplesmente, em alguns momentos não consegue. Mesmo se ele lhe machucar algumas vezes, não desanime e não leve para o lado pessoal. Se ele não quiser lhe ouvir, tente mais tarde. Ele precisa que você esteja lá. Ele precisa confiar que você está ao lado dele independente se pode retribuir suas tentativas ou não. Quando este momento passar, você reconhecerá o mesmo sorriso, a mesma pessoa, o mesmo amor. Não desista, aceite e ame.

7. Eles precisam de apoio e encorajamento familiar, não de críticas, ordens ou reforço negativo

Ele já se sente como um estorvo, não o faça sentir pior. Ele não consegue mudar o próprio humor, não o faça reagir a algo que ele não tem controle. Ele não precisa ouvir "você deveria fazer isso ou aquilo...", "Se eu fosse você faria isso ou aquilo...". Isso pode ser uma criptonita para uma crise ainda mais depressiva. Faça perguntas que estimulem uma resposta melhor que sim ou não. Cumprimente sinceramente. Inclua-o em eventos familiares. Seja mais gentil ao falar. Respeite seus sentimentos. Ajude-o a melhorar sua autoestima.

Isso tudo são coisas que cada um de nós pode se esforçar a aprender para lidar com qualquer pessoa. O depressivo não é diferente, ele apenas lhe ajuda a aparar suas próprias arestas e ser uma pessoa mais gentil, mais humana, mais tolerante, mais exemplar.

Afinal, este é o amor verdadeiro.

Discriminação e tolerância

Uma vez confirmado o diagnóstico da depressão, cuide-se para ter qualidade de vida e não se entregue a essa doença. Depressão é uma doença psíquica como todas as outras doenças físicas, precisa de medicação, tratamento e acompanhamento.

Como entender a doença e viver melhor após o diagnóstico

Há muitas coisas que você pode e deve fazer para viver da melhor forma que puder, mesmo lidando com a depressão.

Há muitas razões porque as pessoas desenvolvem doenças psíquicas como depressão. Não lhe ajudará ficar se culpando ou lamentando os fatos, apenas cuide de você e ame-se a ponto de saber que há tratamento e você não precisa ficar sofrendo por isso. Procure ajuda profissional, se necessário, como a de um psicoterapeuta que faça o acompanhamento com a medicação. Isso é base para você viver melhor.

Situações que uma pessoa portadora de depressão irá encontrar

Uma vez constatada a doença, algumas situações poderão surgir, como por exemplo:

- Pessoas que sabem que você tem depressão e não lhe contam problemas achando que isso lhe colocará mais para baixo.

- Pessoas que se afastam, pois se ficarem perto de você pensam que vão "pegar" o "desânimo" e "pessimismo".

- Pessoas que lhe dirão que depressão é fruto do pecado, que você deve ter feito algo errado, por isso está depressivo.

- Pessoas que acham que depressão é falta do que fazer.

- Pessoas que acham que você está fazendo drama para chamar a atenção.

E muitas outras situações de pessoas que não entendem que depressão é uma doença a partir de um desequilíbrio bioquímico e que precisa de tratamento como qualquer outra. Embora a ciência não tenha descoberto a causa exata, pois há vários níveis da mesma, não acoberta o fato de que a própria ciência já avançou e muito na busca de respostas.

Como lidar com pessoas que não entendem o que é depressão

1.   **Não perca a fé em Deus.** Entenda que esta é somente mais uma fase difícil da vida e Ele vai lhe ajudar a superar isso. Grandes personalidades como Abraham Lincoln, Winston Churchill e George Albert Smith combateram a depressão. Não endureça seu coração. Entenda que seu Pai Celeste ama você incondicionalmente.

2.   **Seja discreto.** Não fique falando a todos que encontrar que tem depressão. Ninguém fala a todo instante dos problemas de saúde que tem, principalmente a desconhecidos.

3.   **Eleja em quem confiar.** Você saberá em quem confiar quando a pessoa não lhe julga e aceita você da mesma forma. Talvez sejam poucos que entendam ou estejam interessados em aprender o que realmente é depressão.

4.   **Sorria.** Acredite na força de seu sorriso como compaixão pela falta de conhecimento alheio.

5.   **Acredite em milagres.** Aproxime-se de Deus e de tudo que aumenta a sua fé. Este é o momento de criar esperança, de servir e ajudar o próximo, sair de sua zona de conforto e conhecer pessoas que, mesmo apesar de tantas provações na vida, quando se apegam a sua fé e vivem os ensinamentos de Deus, consequentemente são abençoadas com a melhora e mesmo a cura das doenças, inclusive a depressão.

6.   **Perdoe.** Lembre-se de Cristo na cruz, "Pai, perdoa-lhes pois eles não sabem o que fazem".

7.   **Tome do cálice.** Jeffrey R. Holland, um especialista religioso, disse: "*Sempre* há esperança. Se esses milagres não acontecerem logo ou plenamente ou aparentemente nunca, lembrem-se do próprio exemplo angustiante do Salvador: se a taça não passar, beba-a e seja forte, confiando que dias melhores virão."

8.   **Diminua o ritmo.** Isso significa não deixar que a fadiga e situações de estresse lhe tragam novas crises depressivas.

9.   **Delegue.** A depressão muitas vezes aparece porque exigimos demais de nós mesmos. Não vale a pena e não precisamos controlar tudo.

10.   **Seja grato e tenha paciência consigo mesmo.** Isso faz parte do amor próprio. Reconheça o quanto já fez de bom para muitos. Você é essencial na vida daqueles que ama e que lhe amam, em especial sua família.

Se você é uma dessas pessoas que acham que depressão é bobagem

Pare definitivamente de julgar. Busque conhecimento. Seja gentil, tenha misericórdia.

Você tem a necessidade quase urgente de buscar entender que depressão é uma doença como qualquer outra e quem a possui precisa de tratamento e de apoio. Desta forma, você poderá ajudar a reconhecer os sintomas, a tratar, e a apoiar quando alguém próximo a você, ou talvez você mesmo, precisar.

Lidando emocionalmente com deficiências

Enfrentar uma deficiência devido a algum acidente ou adquirida por nascença –doença de um parente próximo ou mesmo de uma pessoa estranha – é difícil. Mas há várias formas de aceitar a circunstância e, gradualmente, encontrar uma forma de viver independentemente e bem. A partir da convivência com portadores de deficiência física ou mental, eis aqui algumas lições que suas atitudes me ensinaram:

1. Organização.

- Peça a uma pessoa da família ou a algum amigo para ajudar.

- Se há condições, procure por escolas e programas que ensinem a viver independentemente sendo portadores de deficiências.

- Considere a mudança para uma cidade com mais recursos e benefícios para deficientes. Você tem direito, como qualquer pessoa, de viver num ambiente limpo, confortável e seguro, além de ter suas necessidades básicas atendidas.

2. Viver plenamente.

- Pergunte a seu médico quais tipos de exercícios que você pode praticar que o ajudem a ter energia e disposição para viver com a deficiência. Não fique envergonhado se não conseguir se exercitar como as outras pessoas. Não se compare a outras pessoas, nem compare os resultados. Pare se houver dor, especialmente se tiver deficiências nas costas ou nos joelhos. Não se envergonhe de usar bengalas ou próteses. Isso faz parte.

- A melhor coisa é aderir à ideia das Olimpíadas Especiais: "Todos são vencedores". Se você é capaz de fazer qualquer exercício, qualquer progresso que obtenha e que melhore suas aptidões físicas, você já ganhou algo. O esforço conta muito mais que para alguém com total capacidade física. Mesmo que você não possa mudar sua deficiência, utilize todos os recursos possíveis. É seu direito.

3. Tenha calma e educação com pessoas desinformadas.

- Atente ao fato de que muitas pessoas não sabem como agir em torno de deficientes físicos, auditivos, visuais, etc. Eles podem estar com vergonha de fazer ou dizer algo, e não dizem ou fazem nada para ajudar. Outras agem da maneira oposta, acreditando que deficientes precisam de conselhos ou de conforto. Deixe pra lá. Assim que você conhecer suas intenções e conseguir se manter neutro, conseguirá filtrar suas companhias.

- Exija respeito e respeite. À medida que você se aceitar e reconhecer suas aptidões, tornar-se-á uma pessoa corajosa, interessante e independente emocionalmente. À medida que tiver mais paciência com outras pessoas, melhorará suas qualidades sociais. Se você conseguir se manter calmo e tratar outras pessoas com dignidade, os melhores serão recíprocos.

4. Respeite sua própria dor.

- Procure profissionais, como terapeutas, para ajudar no suporte das dificuldades.

- Eleja bons amigos.

5. Não se surpreenda se as pessoas lhe acharem corajoso.

- Quando se está adaptado às dificuldades da vida, com as deficiências físicas ou mentais, começando a viver normalmente fazendo o que pode, você será uma inspiração para a maioria das pessoas. E isto é verdade. Você é um herói que está conseguindo sobrepujar as dificuldades e fazer da vida o melhor que pode com o que possui. Isto é um exemplo de vida. Faça o seu melhor e viva da melhor forma possível a ser uma inspiração a si mesmo.

6. Aceite sua deficiência.

- Não adianta culpar a Deus ou a qualquer outra pessoa. Aceitar que você nunca poderá andar, ver ou ouvir ajuda a entender que você ainda pode ter uma vida repleta de carinho, com emoções reais. Isso, por si só, lhe ajuda em seus tratamentos.

7. Mantenha-se ativo.

- Encontre um *hobby* que consiga fazer, seja costura, artesanato, pintura, desenho, escrita ou coleções. Redescubra seus interesses. De repente você descobre um talento que poderá se transformar numa atividade lucrativa. Lembre-se, porém, de que o dinheiro não é a única medida deste universo. Mais do que o dinheiro, o trabalho eleva os ideais das pessoas, faz sentirem-se úteis e capazes.

- Mantenha-se enturmado nas diversas comunidades online de deficientes. São pessoas reais.

- Faça seu melhor, afinal, na grande maioria dos casos, você não escolheu ser portador de deficiências. Congratule-se por suas vitórias e sucessos e seja compreensivo com suas falhas. Não julgue a si mesmo ou pelo que os outros pensam de sua situação. Viva e deixe viver.

VOCÊ CONTROLA O QUE A MÍDIA COLOCA DENTRO DE SUA CASA, NÃO O CONTRÁRIO

"Ai dos que chamam ao mal bem e ao bem, mal, que fazem das trevas luz e da luz, trevas, do amargo, doce e do doce, amargo." - *Isaías 5:20*

Quantas coisas temos atualmente que antigamente eram consideradas imorais?

Um especialista familiar e líder religioso chamado Thomas S. Monson citou uma passagem do escritor Alexander Pope (18) que diz:

"O vício é um monstro tão aterrador, que para ser odiado, basta que o vejamos; mas se o vemos muito, acostumamo-nos com seu rosto. A princípio o suportamos, depois temos pena, e por fim o abraçamos."

A mídia e o marketing das empresas em geral têm um poder assustador em relação a nossa mente e como agimos como sociedade e indivíduos e pode fazer-nos acreditar em algo que jamais nos trará a paz e felicidade familiar que buscamos. Que possamos saber discernir toda a informação a que temos acesso e usá-la para nosso benefício e o de nossa família, não para nossa destruição.

Se você realmente quiser trazer sucesso à sua vida, deve se cultivar como cultivaria um jardim para obter o melhor rendimento.

Os atributos aqui são compartilhados por pessoas de

sucesso em todos os lugares, mas eles não acontecem por acidente ou sorte. Eles se originam em hábitos, construídos um dia de cada vez.

Lembre-se: Se você vive sua vida como a maioria das pessoas, você terá o que a maioria das pessoas recebe. Se você resolver, você terá uma vida resolvida. Se você der o melhor de si mesmo todos os dias, o seu melhor lhe dará de volta.

Globalização

As informações são transmitidas de um canto ao outro do planeta em fração de segundos. As mídias sociais, hoje em dia, exercem forte influência sobre tudo o que consumimos, almejamos, temos e muito do que somos. Toda essa exposição traz consequências boas e ruins, influenciando, principalmente, o comportamento das pessoas. A TV e as mídias sociais (entenda-se *websites,* como *Facebook, Twitter, MSN Space* e outros), embora com objetivos diferentes, possuem conteúdo utilizável bem como de moral duvidosa.

Sabemos da segurança que temos que aplicar quando usamos a rede. É importante sempre lembrar de:

- Criar senhas difíceis de serem descobertas.

- Ter cuidado com downloads de arquivos duvidosos, anexados a e-mails.

- Lixo eletrônico.

- E-mails falsos com tentativas de golpes.

- Sites com conteúdo duvidoso.

- Atualizar sempre o antivírus e o sistema operacional.

- Ter cuidado ao fazer cadastros com número de cartão de

crédito (roubo de identidade).

Nas redes sociais, o cuidado deve ser dobrado. Dicas para ter segurança em sites sociais:

Privacidade e Segurança

Pessoas com más intenções podem utilizar dados recolhidos a longo prazo, portanto nunca deixar informações pessoais como endereço, telefone, *e-mail,*e mesmo preferências. Isso pode comprometer a segurança não somente da pessoa, mas de toda família.

Bom senso e plágio

Alguns empregadores, antes de contratarem um candidato a uma vaga disponível, pesquisam sobre ele nas redes sociais. Ter certeza de que a empresa em que se trabalha quer fazer parte das redes sociais também é importante antes de expô-la no perfil pessoal.

A fofoca também deve ser considerada. Problemas pessoais devem ser resolvidos fora da rede. Se ocupa-se posição de destaque no trabalho, também deve-se ter cuidado extra, pois a repercussão pode ser negativa. Com o advento da internet também surgiram os crimes virtuais. Então, todo cuidado é pouco.

Fotos

Existe um programa chamado CIBR - Content Based Image Retrieval (19), que permite descobrir onde determinada fotografia foi tirada. Infelizmente, alguns criminosos usam esta ferramenta para identificar lugares onde a pessoa esteve. Portanto, é imprescindível tomar cuidado com as fotos de família bem como as de outros tipos. É importante, também, lembrar de que as fotos de festas, onde as pessoas aparecem embriagadas ou agindo de maneira duvidosa, podem anular chances em relacionamentos bem como profissionais. Alguns amigos também podem divulgar fotos suas sem permissão.

Sobre as vantagens das redes sociais:

1. Comunicação entre amigos e familiares distantes

2. Ofertas de emprego

3. Ferramentas de aumento da propaganda e publicidade de uma marca

4. Grupos de discussão sobre um tema onde se traz mais conhecimento

5. Pesquisas para desenvolvimento de novo produto

6. Notícias em circulação

7. Liberdade de expressão

8. Oportunidades de negócio, venda e revenda

9. Entretenimento

10. Custo da comunicação entre países e pessoas

11. Descoberta de amigos antigos e também familiares

12. Busca e compilação de informações sobre todos os assuntos possíveis

13. Contato de clientes (além do telefone e e-mail)

14. Venda de produtos e trabalhos artesanais

Não há como negar que toda a tecnologia trouxe um avanço considerável para a vida das pessoas. Elas vieram para ficar e se tornaram uma forma de socialização entre as pessoas e o mundo.

As redes sociais fazem parte da rotina da maioria das pessoas, e é uma maneira de comunicação e expressão entre os seres humanos.

Se soubermos como utilizar essas ferramentas na dose certa e equilibrar as atividades do dia a dia, de forma que não nos viciemos – evitando o contato saudável e pessoal com amigos e familiares, sejamos jovens ou adultos – então poderemos manter a tecnologia virtual para nossa ajuda.

Dicas de segurança nos encontros on-line

Antigamente a maioria das pessoas conhecia o futuro cônjuge no Ensino Médio. Depois, conforme mais oportunidades se abriam, mais pessoas tinham a oportunidade de estudar e adiar o casamento, encontravam sua cara-metade nos 4, 5 ou 6 anos de universidade. Hoje em dia além das pessoas preferirem esperar até os 30 anos ou mais para se casar, milhões de pessoas, de qualquer idade, já tentaram conhecer alguém on-line, seja para amizade ou para encontrar a antiga e famosa "tampa da panela", ou "metade da laranja".

Participar de sites de solteiros que promovem encontros on-line deixou de ser, conforme muitos já disseram algum dia, apenas para os tímidos, os feios, os encalhados. Hoje em dia, pessoas muito jovens deixam de ir às atividades de solteiros, ou ao bar para o happy-hour, em troca da internet. Existem inúmeros sites, alguns famosos que promovem testes de compatibilidade, similaridade de interesses, deixando quase por último a condição física.

Por que as pessoas buscam sites de encontros on-line?

• É mais rápido se conectar a muitas pessoas que apenas uma.

• Não possui os bêbados, o barulho e o preço alto dos bares.

• As pessoas não precisam depender de um amigo ou de um familiar para apresentá-los a alguém interessante.

• É uma ferramenta perfeita para os tímidos e aqueles que não querem ficar procurando em todo lugar.

• É possível peneirar os tipos, e escolher aqueles que mais agradam, ao invés de ter que ficar dando desculpas.

Pontos a observar e ficar atento:

• As pessoas geralmente aumentam as qualidades, esticando-as para parecerem pares ideais, e precisa-se de certa experiência para reconhecer esses tipos.

• As pessoas também tendem a contar inverdades. As mulheres diminuem o peso, os homens aumentam a altura, quando não contam algumas mentiras descaradas.

• Há o perigo de encontrar alguém que on-line pareça ser o par perfeito, atencioso, carinhoso e interessado com certa rapidez. Aqueles de fala mansa, de sorriso cativante, mas todo cuidado é pouco. Existem histórias e histórias terríveis de pessoas que se deram mal em encontros. Todo cuidado é pouco. Pesquisar origem, nome, idade, tudo é válido.

• Também no mesmo estilo, aquele quase perfeito, mas que em pouco tempo juntos começa a contar histórias mirabolantes, onde você fica com dó, cede, empresta dinheiro e nunca mais recebe de volta. Fique esperto(a)!

Enquanto muitas pessoas hoje em dia buscam alguém para um relacionamento duradouro nas redes, outros querem mesmo só curtir. São inúmeros os casos de moças inexperientes em encontros on-line que pensam ter encontrado "o príncipe encantado", e depois que o rapaz conseque o que quer, geralmente a abandona.

Mas, há muita gente boa tentando realmente encontrar alguém decente. E há muita gente que já encontrou seu amor assim, desenvolveu o relacionamento e hoje está casado, muitos com filhos e felizes da vida.

Então, qual a melhor forma de conseguir conhecer alguém que valha a pena? Algumas dicas:

1. Cuide de você mesmo. Cuide da autoestima, da autossuficiência para que não dependa temporalmente ou emocionalmente da pessoa que conhecer.

2. Seja paciente, e não tenha pressa. Você terá inúmeras opções. Deixe correr naturalmente.

3. Decida o que você quer. Quer apenas uma amizade, quer conhecer alguém interessado em casamento. Você precisa saber o que quer ao invés de aceitar qualquer coisa.

4. Seja agradável, mas honesto(a). Seja você mesmo(a)! Isso ajuda a atrair pessoas que gostarão de você como você é, sem enfeites ou qualidades que na verdade não existem.

5. Coloque uma foto recente e real, que tenha no máximo 6 meses. Evite fotos de grupos, e de preferência que esteja sorrindo. E mantenha-as atualizadas. Não inclua fotos de muitas outras pessoas, principalmente familiares, filhos e ex-namorados(as). E cuidado com as roupas! Nada provocativo ou vulgar.

6. Escolha um pseudônimo inteligente, nada esotérico ou inacessível.

7. Palavreado limpo e simples, nada desrespeitoso. Isso ajuda a

espantar os mal-intencionados.

8. Seja breve na descrição. Não conte sua vida toda, nem chore suas mágoas. Apresente-se e deixe os detalhes para as conversas futuras. E corrija os erros de português!

9. Marque encontros em locais públicos e seguros. Um almoço ou café da manhã, uma exposição ou concerto. Algo à luz do dia, onde tenha pessoas em volta. Nada de encontrar a pessoa na sua casa ou na casa dela. Essa dica não tem exceção!

10. Desenvolva um relacionamento real. A internet pode ser a ferramenta para encontrar alguém, mas o contato face a face, tête-à-tête é necessário e a convivência é imprescindível.

Se houver uma grande distância entre vocês, avalie se vale a pena progredir no relacionamento com alguém que conhece apenas por palavras. Nada como o convívio e a observação da pessoa real em situações do dia a dia. Afinal, se a pessoa irá conviver com você um dia, você precisa ter certeza que ela saiba e queira se relacionar na vida real, e que, quando junto de você, esqueça-se completamente da internet, e principalmente dos sites de encontros on-line.

INVESTINDO EM SEU CRESCIMENTO PESSOAL E DESENVOLVIMENTO PROFISSIONAL

Viver de forma frugal é uma necessidade nos dias de hoje, mesmo que não estejamos passando por necessidades e tenhamos um bom emprego.

A crise é mundial, e a atenção deve ser constante. O que temos hoje talvez não tenhamos amanhã. Muito do que consideramos como direitos adquiridos, na verdade, são privilégios disponíveis a poucos, se compararmos as diferentes classes sociais e a existência de crianças e muitas famílias inteiras que ainda vivem pelas ruas de nosso país.

Para aprendermos a economizar e mantermos o foco no que nós e nossa família precisamos, listamos aqui alguns hábitos que nos ajudarão a economizar:

1. Cozinhar em casa.

Muitas pessoas gastam uma boa parte do orçamento mensal com alimentação. Comer fora de casa parece, muitas vezes, facilitar a vida corrida que temos. Porém, já começamos a ver os resultados na saúde da população, como obesidade, diabetes e outros decorrentes da alimentação desequilibrada. Podemos preparar refeições e congelar para uso durante a semana.

2. Pagamentos online.

À medida que nos familiarizamos mais com a internet, aplicamos a tecnologia a nosso favor, as empresas atualizam seus sistemas e websites, isto também se tornará um grande benefício. Quando pagamos contas e prestações online economizamos selos, envelopes e gasolina ou mesmo o contratempo e estress de ter que esperar por horas em filas de banco ou casas lotéricas.

3. Saber costurar.

Um dos grandes princípios da vida frugal é reciclar e reutilizar aquilo que já temos, como reformar e consertar roupas.

4. Desligar luzes e eletrodomésticos.

Trocar lâmpadas tradicionais por lâmpadas mais econômicas e aprender a desligar as luzes que não são utilizadas.

5. Planejar.

Geralmente temos várias coisas para fazer todos os dias, desde ir ao supermercado, colocar gasolina, entregar uma encomenda, visitar uma amiga. Antes de sair para tratar de um assunto, podemos fazer uma listinha de tudo o que precisamos fazer, bem como todos os lugares onde teremos de ir, e esquematizar um roteiro, de forma a economizar tempo e gasolina.

6. Usar ônibus ou andar.

Podemos economizar também usando o transporte público, bem como andando a pé quando o local que precisamos ir é próximo.

7. Liquidações e cupons.

Existem liquidações de produtos diversos no decorrer do ano, bem como cupons que vêm em revistas e jornais. É preciso ser sábio para utilizar essas oportunidades para as coisas que precisamos.

8. Abolir o uso de cartão de crédito.

Habitue-se a comprar o que pode com o que tem – com dinheiro vivo. Este método nos faz refletir sobre os gastos diários e planejar melhor o orçamento, enquanto que as compras com cartões de crédito e à prestação nos impõe juros e outros impostos que, muitas vezes, podem virar uma bola de neve.

9. Troca e venda.

De tempos em tempos, organizamos nossas gavetas e guarda-roupas. Não precisamos comprar roupas e sapatos todos os meses. Em vez disso, podemos trocar ou vender coisas que temos sobrando e que já não usamos mais.

10. Abrir uma poupança.

Seja para a faculdade dos filhos, para a viagem tão sonhada, ou mesmo para emergências como: problemas de saúde, desemprego, morte, e outros. É sempre bom viver de acordo com o que ganhamos, fazermos um orçamento e colocarmos o restante na poupança.

AS GRANDES VANTAGENS DE APRENDER OUTRA LÍNGUA

Há um tempo atrás, um amigo me direcionou um artigo do jornal New York Times entitulado "Porque bilíngues são mais inteligentes" (20). O artigo traz uma visão bem-humorada da necessidade atual de saber falar uma segunda língua além do fato de pessoas que a falam são mais inteligentes.

Algumas vantagens de quem aprende a falar (entenda-se falar, escrever e entender, além de conversar) em uma segunda língua:

• **Aumento da inteligência.** O artigo do NYT é correto cientificamente, uma vez que o treino bilíngue faz com que o cérebro reconheça, negocie o significado e comunique-o em diferentes sistemas.

• **Conquista de novas habilidades.** Sejam profissionais, culturais, pessoais. Conhecer uma segunda língua abre-se a visão e o entendimento, além da capacidade de pesquisa e conhecimento.

• **Prevenção do Mal de Alzheimer e Demência na velhice.** Estudos (21) comprovam que pessoas monolíngues têm a probabilidade de adquirir essas doenças mais cedo que os bilíngues.

• **Aumento da memória.** Educadores comparam o cérebro a um músculo que melhora a capacidade se exercitado, e o estudo de línguas tem grande influência no aumento da capacidade de memorização.

• **Aumento do raciocínio**. Um estudo da Universidade de Chicago (22) diz que bilíngues são mais rápidos nos quesitos percepção do ambiente, tomada de decisões e checagem de erros.

Há pelo menos 20 motivos porque uma pessoa deve aprender uma segunda língua:

1. Imigração para outro país.

2. Comunicação com família e amigos de outras nacionalidades.

3. Viagens internacionais.

4. Relacionamentos pessoais ou profissionais com estrangeiros.

5. Crescimento profissional.

6. Estudo em universidades internacionais ou pesquisas.

7. Aumento do conhecimento numa área estudando material em outras línguas.

8. Comunicação secreta e particular.

9. Pesquisar a história da família e/ou ascendentes que imigraram para seu país.

10. Entendimento de culturas diversas.

11. Religião e conhecimento da mesma.

12. Apreciação da cozinha internacional.

13. Interesses em linguística.

14. Aprendizado de músicas em outras línguas e seu significados.

15. Entendimento de sua própria língua e apreciação de sua cultura.

16. Manuntenção saudável da mente.

17. Vivência de um grande amor.

18. Encontro de um grande amigo.

19. Serviço como tradutor ou intérprete.

20. Sentimento de pertencer e ser parte de uma comunidade.

Há várias formas de aprender outras línguas, seja o inglês, espanhol ou outras. Existem várias escolas com cursos básicos a avançados, cursos especiais para quem vai viajar ou precisa de um tratamento mais VIP. Algumas ideias interessantes para aprender diferentes línguas são:

• Procurar escolas privadas ou professores especializados em diversos cursos de acordo com a necessidade e interesse do aluno. Tem para todos os bolsos.

• Sites de conversação e dicas básicas online, onde pode-se aprender e conhecer pessoas de vários países que possuem os mesmos interesses como LearnaLanguage.com, LiveMocha.com ou Babbel.com.

• Cursos em DVD/CD para estudo em casa, onde pode-se ouvir e repetir as palavras e treinar a pronúncia, é só procurar na seção Línguas em lojas especializadas, ou mesmo na outros famosos que encontramos mundo afora através da internet.

• Fazer um intercâmbio cultural e passar pelo menos 1 ano em outro país aprendendo a língua. Pode-se fazer através de agências ou serviços como o Student Travel Bureau (23), com escritórios em várias capitais brasileiras.

• Os maiores países como Estados Unidos, Inglaterra, Alemanha, etc, possuem escolas locais especializadas nas maiores cidades para ensinar a língua local aos imigrantes também, em caso de viagem direto ao destino de escolha, por preços acessíveis.

• Assistir filmes estrangeiros sem legenda para treinar o ouvido é uma boa pedida.

• Ouvir músicas dos cantores e bandas favoritos e estudar sua tradução e o significado dos líricos.

• Sites de variedades que trazem muita ajuda para o indivíduo ou para o fortalecimento das famílias.

Quem se lembra do inspetor Clouseau do filme *A pantera cor-de-rosa* (24), que além de ter muita dificuldade para aprender o inglês, passou por uma situação constrangedora no aeroporto. Assista e ria. Isso acontece de verdade! Mesmo que você aprenda outra língua, muitas vezes vai se deparar com pessoas que não entendem o que você diz no país em questão devido a um sotaque que temos de nossa língua pátria. Quanto mais cedo você começar a aprender outras línguas, menos sotaque você terá, e isso será um benefício muito grande, principalmente para as crianças.

A solução é ter bom humor e aproveitar a situação, estudar mais, ser mais humilde, ajudar outras pessoas a lhe entenderem e melhorar ainda mais o vocabulário na língua desejada para aumentar a capacidade de expressão. Afinal, hoje em dia, falar uma segunda língua para quem não a usa com frequência pode ajudar somente com coisas mínimas do dia a dia, mas quem sabe um dia, será questão de sobrevivência?

Enfim, pare de adiar e confira as dicas acima. Há muita coisa gratuita para você começar. Aproveite as oportunidades e aumente sua inteligência.

APRENDENDO A ARTE DA MÚSICA

A música faz parte da nossa vida. Seja aquela que nos lembra a primeira dança enquanto adolescentes, o karaokê no churrasco com amigos e família, aquela que marca um momento romântico com nosso amor, o tema do filme que marcou época, aquele do comercial que não sai da cabeça, a que cantamos com nossos filhos no carro para a viagem parecer mais curta ou a cantiga para o bebê ninar.

O estilo de música que ouvimos também influencia em nosso comportamento, atitude e pensamentos. A música é feita para todo mundo e para cada emoção. É feita para cada dança e comemoração. Tem de todo tipo e gosto. Seja para celebrar, impressionar ou inspirar alegria, tristeza, paz, amor, dor e oração.

Música é arte. Arte que pode estar envolvida em correr, dirigir, dançar, limpar, cozinhar, sorrir, chorar, trabalhar, pensar, criar e sonhar. Qualquer acontecimento fica mais emocionante, dramático e convidativo quando há uma música, seja de fundo ou principal. Como dizia Victor Hugo, *"A música expressa o que não pode ser dito em palavras daquele que não pode permanecer calado"*. (25)

Na infância, eu me lembro de uma coleção antiga de discos de vinil que meu pai tinha. Os discos eram pesados e cada um de um compositor clássico. Cada LP vinha dentro de um envelope encadernado com a biografia de cada autor. Eu memorizei cada um deles antes mesmo de saber ler ou tocar. Aqueles LPs eram o tesouro da casa. Meu pai os ouvia e me ensinava a reconhecer cada instrumento tocado com esmero em cada sinfonia.

A harmonia das notas, o sentimento e as lembranças que cada composição trazia me inspirava a criar memórias, e hoje, ao relembrar esse tempo, pego-me sorrindo com as memórias de cada vez que ouvimos aqueles compositores.

Eu tinha meus favoritos, influenciada por meu pai segundo a história de cada um. Bach era o mestre, quase da família e predileto entre pai e filha; Beethoven era praticamente nosso vizinho da porta ao lado, o romântico; Handel era conterrâneo de alguns ancestrais e um de meus favoritos por muitos motivos; Tchaikovsky o autor da melodia que eu apanhei por meses para aprender no piano; Verdi lembrava os almoços na casa dos avós; Chopin era o que meu pai usava para treinar os canários a cantar; Mozart, o rebelde talentoso; e tantos outros...

O tempo passou. Eu conheci a MPB e virei fã de carteirinha. Depois a música pop internacional com o tempo da discoteca onde o que importava era os passos nas danças com os primos. Vieram o rock inesquecível de grupos como Queen e Gênesis cujos posters forravam as paredes do meu quarto; e os grupos nacionais que marcaram muitas épocas, como 14 Bis, Roupa Nova, Legião, Paralamas, Titãs, Engenheiros. Conheci corais como Os Meninos de Viena e o perfeito Coro do Tabernáculo Mórmon. E tantos outros ritmos e músicas que embelezam o dia a dia com tantas harmonias.

Não tem jeito. Cada uma delas traz uma história ou memória diferente, ajuda a lembrar que tudo já foi e que pode ser melhor que o agora.

Educando os ouvidos para a boa música

Eu tive o privilégio de ter um pai que amava música e me passou isso. Ainda hoje quando escrevo ou fotografo, se houver um fundo musical que me inspira, as palavras fluem mais facilmente. Quando dirijo é a minha chance de extravasar as tensões ouvindo minhas favoritas.

Da mesma forma, músicas com letras tendenciosas e vulgares me trazem um sentimento de desespero.

Ensinando os filhos a apreciar a boa música

Tantas memórias e momentos únicos entre eu e meu filho temos cantando juntos nossas canções favoritas nas muitas viagens que fizemos. No iPod dele, elas estão lá! Os clássicos do rock da minha época também. Quanto orgulho! Vez ou outra ele vem me pedir pra ouvir uma música que é legal ou interessante e não é que o rapaz tem bom gosto?

Desenvolver o talento de criar música

Eu aprendi um pouco de piano aqui, flauta ali, canto acolá. Meu filho se interessou pelo violino e pelo contrabaixo e tocou por muitos anos na orquestra da cidade. Composição e canto também fazem parte da vida. Se a criança exprime o desejo de aprender, e nós temos condições de promover o estudo, isso ajudará em muito.
É comprovado (26) que o estudo da música melhora o entendimento das matérias exatas na escola, e a memória em geral.

O uso da música para fins terapêuticos

Já repararam que quando estamos passando por situações difíceis na vida, a primeira coisa que fazemos é praticamente parar de ouvir música? Nós geralmente nos fechamos em nosso mundo e esquecemos das ferramentas que temos para ajudar em nosso autocontrole e prevenção da depressão.

A música pode ser uma ferramenta útil para descontrair, liberar o estresse, dar esperança, enfrentar medos, divertir-se, conhecer novas pessoas e mesmo nos transportar mais próximos de Deus.

A música como arma de destruição

Segundo um estudo pela Universidade de Londres (27), a música afeta como vemos as coisas, como expressamos nossas emoções e a rapidez com que vamos de um extremo ao outro em nosso comportamento. A pesquisa também explicou como a música evoca pensamentos através de sua forma abstrata de linguagem, muitas vezes com o ouvinte nem entendendo o que é cantado.

Ou seja, como tudo na vida tem um lado bom e outro ruim, a música também influencia a atos não muito nobres, como sexualidade indiscriminada, vícios, drogas, álcool, liberalismo sexual, violência, desrespeito ao corpo feminino e até crimes.

Alguns ritmos hipnotizantes e mesmo propositalmente incitantes podem lavar com lama o cérebro dos valores aprendidos e instituir pensamentos que se transformam em ações bem rapidamente, e algumas destas podem nos levar a nos arrepender de alguns atos pelo resto de nossa vida.

A música que inspira x A música que desvia

É importante prestar atenção no que estamos ouvindo e o que fazemos nossa família ouvir. É importante filtrar os sons e peneirar os líricos. É essencial estabelecer o limite entre o que inspira e o que incita a atos vulgares.

Verifique o que seus filhos ouvem. Ensine informalmente, mas também pontualmente, dando o exemplo sobre os ritmos e seus derivados. É a constância e permissão de uma melodia confusa e duvidosa que transforma um pensamento.

Se podemos ter o melhor, por que nos contentarmos com menos?

Temos muitas músicas maravilhosas e especiais que são parte de nossa vida. A apreciação cautelosa e o desenvolvimento do bom gosto ajudam na formação da personalidade e da identidade.

Respeitar os gostos alheios faz parte, e preservar os outros de serem obrigados a ouvirem o que gostamos também. Na maioria dos países do mundo, ainda temos a liberdade de ir e vir, ou seja, de sairmos de um local onde certas músicas são tocadas. E de usar fones de ouvido também.

Ouça música. Boa música. O tipo que sua alma precisa.

DESEMPREGO: DANDO A VOLTA POR CIMA

A economia mundial traz mais incerteza para os nossos dias. Nós e muitas outras pessoas que conhecemos já passamos por mais de um emprego, seja em busca de condições melhores, ou devido às crises que assolam o país e consequentemente empresas que trabalhamos. Perder o emprego pode acontecer com qualquer um, jovem ou mais velho, solteiro ou casado, e pode ser uma experiência terrível para muitos.

A crise pode trazer oportunidades. A maioria de nós não pode esperar até encontrar o emprego dos sonhos, pela necessidade de prover para nossa família, ou contas a pagar que não esperam. Mas, situações como essa podem nos ajudar a mudar no presente algo que não pudemos no passado. Planejar, estudar, ter esperança que o próximo pode ser melhor, existe. E lá vamos nós para as agências de emprego, filas para preenchimento de vaga em empresas, melhorar nossa rede de contatos. É hora de acreditar em nós mesmos, sobrepujar as dificuldades, arregaçar as mangas, sacudir a poeira e sair em busca de trabalho novamente. Então o que fazer?

1. Plano de Ação.

Organize sua rotina montando um plano de ação para se recolocar no mercado de trabalho. Pesquise empresas que possuem oportunidades compatíveis com seu perfil. Isso requer disciplina e atitude, como estabelecer um horário com prazos e metas. Desta forma você se mostrará um profissional altamente organizado e não se acomodará.

2. Planeje suas despesas.

Você não sabe por quanto tempo ficará nessa condição, então o melhor é se preparar. Cortar gastos desnecessários para conseguir esticar seus recursos. O seguro-desemprego tem limite, e não deve se acomodar. Encare a possibilidade de encontrar bicos durante o período que estiver buscando um novo emprego, é válido para driblar a crise.

3. Aparência e saúde.

Não descuide de sua aparência, permaneça saudável fisicamente e mentalmente. Não se entregue à preguiça, nem às bebidas alcóolicas. Pratique exercícios e cuide de suas relações pessoais. Estresse e excessos podem atrapalhar seu desempenho no processo, ou mesmo minar chances de entrevistas bem como preparo imediato, caso você seja o candidato ideal para uma determinada vaga. Demonstre energia, otimismo e foco em resultados.

4. Atualize seu currículo e sua área.

Reveja, resuma, insira objetividade, brevidade e clareza. Envie a todas as pessoas que possam ter interesse no seu perfil profissional. Não se esqueça das empresas de Recrutamento e Seleção, que podem intermediar boas oportunidades. Cadastre seu currículo nos principais sites de emprego e empresas na internet. Envie currículos personalizados para cada vaga.

Busque atualização também sobre sua área, seja em livros recentes, revistas e periódicos, palestras, cursos.

Para preparar um currículo, você pode usar programas de texto, ou
mesmo existem websites que lhe ajudam a criar seu curriculum
ou auxiliam nessa tarefa.

5. Rede de contatos.

Cultive seus contatos montando uma rede de colaboração. Mostre-se,
permaneça em exposição. Peça informações a respeito de algumas
empresas e sua política de contratação, já que algumas faz mais efeito
ir e entregar seu currículo pessoalmente. Distribua adequadamente as
informações sobre sua pessoa. Pergunte sobre os contatos nos
departamentos de recursos humanos.

6. Entrevistas.

Prepare-se. Algumas dicas:

- Estude seu currículo, pois o conteúdo colocado ali lhe será útil.

- Prepare-se para questões difíceis como ter que responder sobre seus
pontos fortes e fracos, por que saiu do emprego anterior, ou por que
acha que é o melhor candidato para a vaga em questão.

- Pesquise sobre a empresa antes da entrevista: sua cultura
organizacional, o modo como ela se comunica com o mercado, o que
ela oferece, detalhes da vaga.

- Colha informações importantes para o processo de seleção.

- Seja honesto acima de tudo. A melhor forma de passar em testes
psicológicos de recrutamento é sendo o mais honesto e claro que
puder, senão entrará em contradição, e, se contratado, suas aptidões e
experiência serão provadas.

7. Seja flexível.

O ditado vale nessa situação, mais vale um pássaro na mão que dois voando. Há necessidade de ser flexível na hora da negociação. Caso a empresa ofereça remuneração abaixo da pretendida, avalie em quanto tempo ela pode oferecer crescimento através de promoções. Isso também vale na hora de aceitar trabalhos temporários ou meio período, ou ainda com não todos os benefícios tão sonhados. Ter algo onde possamos adquirir mais conhecimento e experiência, mesmo não sendo a área desejada por enquanto, ainda é melhor do que ficar desempregado.

CULTIVANDO AS RAÍZES NECESSÁRIAS PARA O SUCESSO NA VIDA

Ninguém nasce bem-sucedido. Seja na vida, no casamento, no emprego. É necessário trabalho árduo e muita dedicação e persistência.

Antes de começar, quero deixar claro que tudo isso também vale para os homens, não somente para as mulheres. Mas, numa sociedade machista onde as mulheres são um dos grupos que precisa provar seu valor profissionalmente muitas vezes, principalmente se não possuem "patrocínio" dentro das empresas, essas regras são válidas para alcançar algum sucesso no mundo corporativo.

Primeiramente, notemos se há alguns pensamentos e frases que precisamos retirar ou incluir em nosso vocabulário se quisermos ser eficientes, caminhar uma segunda milha e, de quebra, aumentar nossa autoestima e não viver em um drama infernal no ambiente de trabalho, e consequentemente em nossa vida.

1. "Eu não sei como!"

As mulheres bem-sucedidas no mínimo buscam soluções. Elas não sabem tudo, mas isso não é problema. Se algo novo aparece, elas fuçam até encontrar uma solução. Isso não significa ter que dizer "sim" para tudo, mas elas são observadoras e vão atrás. Simples assim.

2. "Eu não tenho tempo."

Não existe alguém multitarefa. E todos têm 24 horas por dia. A diferença é como usamos o nosso tempo, mesmo porque a maioria de nós, e eu me incluo, é perfeccionista, e às vezes gastamos tempo demais em uma tarefa até sair perfeito. Mas isso não significa que precisamos nos descabelar para fazer tudo. Precisamos aprender a nos organizar, priorizar e a delegar.

3. "Sim!" (para tudo)

Não é contraditório. Há uma grande diferença entre dizer sim para tudo e ao mesmo tempo explicar que temos outras prioridades no momento, avaliando a necessidade e a importância das tarefas realizadas e sugerir outra solução. Saber dizer não, com gentileza, é uma ferramenta que toda mulher bem-sucedida usa com frequência. Novamente, podemos ajudar com soluções e gerenciamento de tarefas, mas isso não significa que precisamos carregar o mundo nas costas.

4. "Eu não sou paga o bastante por isso."

Sério? Quem é pago o suficiente pelo que faz? Ninguém! O sucesso é resultado do trabalho, não o contrário. E por trabalho, entendamos andar a segunda milha. Este é um comentário destrutivo que jamais deveríamos dizer, afinal, poderia ser bem pior. Se você pensa isso constantemente, você é livre para buscar melhores oportunidades. Sempre é bom também levar em consideração que, muitas vezes, seu chefe direto não tem poder para aumentar seu contracheque como gostaria, e está passando pelo mesmo dilema com o chefe dele.

5. "Isso não é justo."

Mulheres bem-sucedidas não esperam que as coisas o sejam. Elas usam sua influência e experiência para otimizar os resultados. É comum ver alguém recebendo aplausos após usar suas ideias, uma pessoa que sabe bem menos que você receber uma promoção, e seus colegas homens fazerem o mesmo trabalho por um salário maior. Mas é inútil perder tempo reclamando. Capacidade, mesmo que não reconhecida, é inerente a quem a tem, e isso é impossível de se ter. Com o passar do tempo, a empresa que não valoriza o funcionário é que sairá perdendo.

6. "Eu nunca tiro férias."

Todo mundo precisa de um tempo para recarregar as energias. Às vezes, não é possível tirar semanas consecutivas de férias e esquecer de tudo, mas podemos dividir e priorizar o que é mais importante. Só assim nossa capacidade e criatividade aumentarão para podermos ter sucesso em todas as áreas de nossa vida.

Há uma grande diferença entre trabalhar para pagar as contas e trabalhar para evoluir na carreira. Pense bem onde você quer estar. E isso não vale somente para as mulheres que trabalham, mas para as mães e outras situações da vida também.

Mais do que não dizer algumas coisas, há coisas que mulheres bem-sucedidas não devem fazer, e isso se resume a manter sua palavra, ser profissional e empática. Retire o drama de sua vida e busque seu aprimoramento, reconhecendo seu próprio relógio.

Isso tudo também vale para os homens, sem exceção.

Pensamentos positivos para autosugestão do sucesso

Alguns dos traços que os altamente bem-sucedidos cultivam na vida pessoal e profissional vem das afirmações positivas que podemos fazer a nosso próprio respeito todos os dias. A autosugestão tem poder de mudar nosso cérebro de tal forma a optimizar nossos sentimentos e consequentemente nossas ações. Leia os pontos abaixo como se você já possuísse todas essas qualidades, pois afinal, você já as possui!

1. Determinação

Você tem a determinação de trabalhar mais do que a maioria e garantir que as coisas sejam feitas. Você se orgulha de ver as coisas sendo concluídas e assume o controle quando necessário. Você dirige-se com propósito e se alinha com a excelência. Você não precisa ser um workaholic e deixar de lado sua vida pessoal para atingir o sucesso na carreira. Você sabe trabalhar com inteligência, focando nas prioridades e aprendendo a delegar os detalhes.

2. Autossuficiência

Você pode assumir responsabilidades e ser responsável. Você toma decisões difíceis e fica ao lado delas. Pensar por si mesmo é conhecer a si mesmo.

3. Força de Vontade

Você tem a força para ver as coisas - você não vacila ou procrastina. Quando você quer, você faz acontecer. Os maiores empreendedores do mundo são aqueles que permaneceram focados em seus objetivos e foram consistentes em seus esforços.

4. Paciência

Você está disposto a ser paciente e compreende que, em tudo, há fracassos e frustrações. Levá-los para o lado pessoal seria um prejuízo e você está consciente disso.

5. Integridade

Isso não deve ser dito, mas é um dos atributos mais importantes que você pode cultivar. Honestidade é a melhor política para tudo que você faz; integridade cria caráter e define quem você é.

6. Paixão

Se você quer ter sucesso, se você quer viver, não é polidez, mas sim paixão que o levará até lá. A vida é 10 por cento o que você experimenta e 90 por cento como você responde a ela.

7. Conexão

Você pode se relacionar com os outros, o que, por sua vez, faz com que tudo se aproxime e aprofunde em importância.

8. Otimismo

Você sabe que há muito a conseguir neste mundo, e você sabe pelo que vale a pena lutar. O otimismo é uma estratégia para se ter um futuro melhor - a menos que você acredite que o futuro pode ser melhor, é improvável que você se anime e assuma a responsabilidade de fazê-lo.

9. Autoconfiança

Você confia em si mesmo. É simples assim. E quando você tem essa confiança inabalável em si mesmo, já está um passo mais perto do sucesso.

10. Comunicação

Você trabalha para melhorar sua capacidade de se comunicar e prestar atenção aos comunicadores ao seu redor. Mais importante, você ouve o que não está sendo dito. Quando a comunicação está presente, a confiança e o respeito seguem.

Ninguém planeja ser medíocre; a mediocridade acontece quando você não planeja. Se você quiser ter sucesso, aprenda os traços que o farão bem-sucedido e planeje vivê-lo todos os dias.

Seja humilde e ótimo. Corajoso e determinado. Fiel e destemido. Isso é quem você é e quem você sempre foi.

CONQUISTANDO SAÚDE E EQUILÍBRIO MENTAL

Resgatando sua identidade e aprendendo a amar a si mesmo

Repare numa criança. Ela simplesmente vive. Não está preocupada com o que os outros pensam ou se importa muito em agradar. Ela apenas é quem é, sem hipocrisia.

À medida que crescemos, começamos a nos preocupar com o que os outros querem de nós, o que agradam nossos pais, professores, amigos. Quando somos adolescentes tentamos encontrar um grupo que nos aceite, com o qual nos identificamos, e nem sempre o que esse grupo faz é legal ou faz bem.

Mais tarde, somos pressionados pela sociedade a encontrarmos uma profissão, e aqueles que não conseguem definir, podem ficar à mercê de onde a vida os levar.

Mas, esteja você em qualquer parte de sua vida, pare por um instante e reflita. É tempo de você resgatar sua identidade, redescobrir ou mesmo descobrir pela primeira vez o que gosta, quem é, e o que quer de sua vida. Onde quer estar daqui a 10 anos, fazer as metas para chegar onde deseja, e ser feliz com cada escolha que fizer.

Alguns passos para lhe ajudar nesta descoberta:

• Pense sobre seu futuro. Quais pessoas você tem em sua vida hoje que você acha que irão lhe ajudar a ser ou chegar onde deseja? Seu trabalho está lhe levando na direção que almeja ou na direção contrária?

• Pense sobre suas amizades. Você as tem por que você faz um monte de coisas por eles, ou eles lhe aceitam como você realmente é, com suas qualidades e defeitos?

• Pense em sua disposição de fazer acontecer. Uma amizade precisa de duas pessoas que se dediquem para florescer. Da mesma forma um relacionamento amoroso. Tudo isso está indo na direção que você escolheu?

Agora faça uma lista sobre o estilo de vida ideal onde você seria mais feliz:

• Descreva a aparência que você gostaria de ter.

• Escreva sobre o estilo de vida que gostaria de viver.

• Defina os atributos que você gostaria de ter pelos quais as pessoas se lembrassem da sua existência.

• Faça listas de coisas que você realmente gosta, desde alimentos a cores e lugares, pessoas e filmes.

Depois desse exercício, o próximo passo é colocar em prática algumas técnicas:

1. **Encontre tempo para você**. Todos os dias, alguns minutos para se conectar a quem você realmente é, ao que gosta de fazer pode lhe ajudar a exercer autocontrole sobre as situações externas do dia a dia.

2. **Expresse seu eu interior todos os dias de alguma forma**. Seja através de uma peça de vestuário, um hábito construtivo, um abraço, uma caminhada.

3. **Encontre um hobby**. Pode ser desde algo que você sempre teve vontade de aprender, ou um talento que você despertou desde seus anos de infância.

4. **Aprenda a dizer "não"**. Na ânsia de querermos ser amados, podemos criar relações baseadas na anulação de nós mesmos. Esse é um risco que cedo ou tarde teremos de correr. Saber exatamente quem nos respeita ou simplesmente nos usa.

5. **Crie relações humanas com outras pessoas sendo você mesmo**. Sejam elas profissionais, pessoais, amorosas. Seja você mesmo acima de tudo. E faça questão de procurar por pessoas diferentes de você. Claro que você precisa usar de educação e das regras gerais para a boa convivência, mas não deixe de ser quem você é para manter uma relação.

6. **Escreva um diário**. Desenvolva esse hábito onde pode escrever o que vai em seu coração, seus sonhos, sua percepção das coisas que acontecem em sua vida diariamente. De tempos em tempos, releia-o e veja o quanto você já evoluiu e também relembre seus sonhos para não perdê-los de vista.

7. **Aceite-se**. Lembre-se que o que você é, é quem você é. Encontre o equilíbrio para que seus pensamentos, sentimentos e ações estejam em harmonia. Construa seus princípios e viva de acordo com o que acredita. Tire os excessos de sua vida.

Depois de encontrar-se com seu eu mais íntimo, priorize. O que mais lhe importa na vida? Quais são as coisas mais importantes para lhe fazer feliz? Família, amigos, estudos, criar. Aceite responsabilidade por seus atos, reconecte-se às suas prioridades quando situações externas lhe desencorajarem, deixe de dar desculpas e congratule-se pelas conquistas alcançadas.

Enfrente seus medos, faça mudanças necessárias. Desafie-se. Sonhe. Mantenha sua moral e suas crenças. Qualquer coisa que você escolher fazer que estiver em harmonia com o que você acredita lhe fará feliz e indicará que você está no caminho certo.

SER FELIZ PARA FORMAR RELACIONAMENTOS DURADOUROS E SAUDÁVEIS

Esta história roda a internet em vários estilos e traduções diferentes, mas está relatada nos arquivos de seminários da Universidade de Fresno na Califórnia, e aconteceu durante um seminário para casais. Durante o mesmo, um dos palestrantes perguntou a uma das esposas:

"Seu marido lhe faz feliz? Ele lhe faz feliz de verdade?"

Neste momento, o marido levantou seu pescoço, demonstrando total segurança. Ele sabia que a sua esposa diria que sim, pois ela jamais havia reclamado de algo durante o casamento.

Todavia, sua esposa respondeu a pergunta com um sonoro "NÃO", daqueles bem redondos!

"Não, o meu marido não me faz feliz"!

O marido ficou desconcertado, mas ela continuou:

"Meu marido nunca me fez feliz e não me faz feliz! Eu sou feliz".

"O fato de eu ser feliz ou não, não depende dele; e sim de mim. Eu sou a única pessoa da qual depende a minha felicidade.

Eu determino que serei feliz em cada situação e em cada momento da minha vida, pois se a minha felicidade dependesse de alguma pessoa, coisa ou circunstância sobre a face da Terra, eu estaria com sérios problemas.

Tudo o que existe nesta vida muda constantemente: o ser humano, as riquezas, o meu corpo, o clima, o meu chefe, os prazeres, os amigos, minha saúde física e mental. E assim eu poderia citar uma lista interminável.

Eu preciso decidir ser feliz independente de tudo o que existe! Se tenho hoje minha casa vazia ou cheia: sou feliz! Se vou sair acompanhada ou sozinha: sou feliz! Se meu emprego é bem remunerado ou não, eu sou feliz!

Hoje sou casada mas eu já era feliz quando estava solteira.

Eu sou feliz por mim mesma. As demais coisas, pessoas, momentos ou situações eu chamo de "experiências que podem ou não me proporcionar momentos de alegria ou tristeza".

Quando alguém que eu amo morre, eu sou uma pessoa feliz num momento inevitável de tristeza.

Aprendo com as experiências passageiras e vivo as que são eternas como amar, perdoar, ajudar, compreender, aceitar, consolar.

Há pessoas que dizem: hoje não posso ser feliz porque estou doente, porque não tenho dinheiro, porque faz muito calor, porque está muito frio, porque alguém me insultou, porque alguém deixou de me amar, porque eu não soube me dar valor, porque meu marido não é como eu esperava, porque meus filhos não me fazem felizes, porque meus amigos não me fazem felizes, porque meu emprego é medíocre e por aí vai.

Amo a vida que tenho mas não porque minha vida é mais fácil do que a dos outros. É porque eu decidi ser feliz como indivíduo e me responsabilizo por minha felicidade.

Quando eu tiro essa obrigação do meu marido e de qualquer outra pessoa, deixo-os livres do peso de me carregar em seus ombros. A vida de todos fica muito mais leve.

E é dessa forma que consegui um casamento bem sucedido ao longo de tantos anos."

Nunca deixe nas mãos de ninguém uma responsabilidade tão grande quanto a de assumir e promover sua felicidade! SEJA FELIZ, mesmo que faça calor, mesmo que esteja doente, mesmo que não tenha dinheiro, mesmo que alguém tenha lhe machucado, mesmo que alguém não lhe ame ou não lhe dê o devido valor.

E isso vale para mulheres e homens de qualquer idade.

Como manter relacionamentos saudáveis quando há distância

Manter relacionamentos à distância requer cuidado e dedicação, bem como disciplina e boa vontade. Esses relacionamentos podem ser com familiares que moram distante, com o cônjuge em viagem de negócios, com o namorado que vive do outro lado do mundo, com filhos em férias ou estudando fora.

Para um filho que foi transferido para um outro estado, os netos poderão sentir falta dos avós, bem como estes precisam e merecem ter notícias e saber das novidades deles, como os outros que moram mais próximos.

Felizmente a tecnologia tem se encarregado de ajudar a manter relações fortes e vivas, mesmo que pessoas envolvidas não consigam estar juntas todos os dias.

Algumas das maneiras mais utilizadas para ajudar na manutenção de relações familiares, amorosas ou mesmo profissionais hoje em dia.

Vídeo conferências.

Seja através do Skype, FaceTime, Google Hangouts ou o conhecido Messenger, esses programas são grátis e simples de aprender e conectar. Você precisa de conexão da internet, uma câmera e um microfone e será capaz de conversar com o outro lado do mundo se necessário, vendo as outras pessoas, enquanto elas lhe veem, em tempo real.

Celulares.

A maioria dos planos de celulares inclui um pacote para ligações de longa distância. Da mesma forma pode-se falar no celular com a pessoa que está distante, bem como mandar mensagens de texto ou fotos para que fiquem atualizadas.

Blogs.

Muitas famílias têm se utilizado do recurso de blogs, onde se tem a opção de manter privado somente para uns poucos ou público. Eles postam atividades, fotos dos familiares e permitem comentários e desta forma, o contato. Os mais utilizados são o Blogger e o Wordpress.

Email.

Com certeza a internet tem papel fundamental no cuidado das relações à distância. O mais simples que podemos fazer quando não falamos em tempo real com as pessoas do outro lado do país ou planeta, é simplesmente mandar um email. É um sistema de correio eletrônico hoje em dia que tornou-se essencial para muitos fins. Há muitas opções gratuitas, como o Gmail e o Hotmail, por exemplo.

Mídias Sociais.

As redes sociais conquistaram o mundo. A cada dia novas redes trazem a interação entre pessoas, reconectam amigos de épocas passadas, estreitam laços familiares. Seja o Facebook, o Youtube, Twitter, MySpace, Pinterest e muitos outros, cada um tem seu objetivos e praticamente não há desculpa para não manter contato com aqueles que conhecemos, e mesmo assim, conhecer novas pessoas.

Cartas e encomendas.

Além de tudo isso, ainda contamos com o conhecido sistema de enviar cartas e pacotes através dos correios ou serviços de entrega, onde podem se tornar um tesouro para aqueles que os recebem, muitas vezes até mais valioso que um telefonema, uma vez que por ser material, pode-se voltar e lembrar e curtir o cheiro e o sabor dos itens enviados.

Não importa o que você use para manter as relações com familiares e amigos distantes vivas. O mais importante é se importar com eles, prestar atenção no que lhe escrevem, como estão sentindo.

Dizem que papel, e neste caso, palavras escritas na tela ou faladas, aceita tudo, e pode até ser. Contribui para sabermos nos expressar, e tentar descobrir um meio de fazer nossas palavras traduzirem exatamente o que pensamos e queremos dizer.

Há muitas formas de criar e fortalecer relações à distância, principalmente se o esforço for válido e contar para o toque face a face um dia. Este é insubstituível.

CONSTRUINDO UM CASAMENTO COM PESSOAS INTEIRAS E FELIZES

Segundo o dicionário Michaelis (28), humor é definido como "condição da mente, estado mental, disposição, temperamento, sentimento", ou seja, pode ser bom ou mau. Não há dúvidas que assumir uma atitude de ver a vida com bom humor, ajuda-nos na rotina do dia a dia em todas as áreas, desde a familiar, amorosa, profissional.

Todo mundo gosta de dizer que é bem-humorado, que não há tempo ruim para ele(a), que tudo se ajeita em todas as situações. Isso transparece alguém agradável, positivo e otimista.

Mas, é na hora dos argumentos e confusões que temos a real oportunidade de testar nosso bom humor, parando a tensão e evitando que as coisas se escalem para uma briga ou um problema maior do que o necessário.

Algumas dicas para usar o humor como ferramenta para evitar um argumento:

1. Entenda seu propósito. Ter humor não significa fazer uma piada diminuindo a outra pessoa. O propósito é aliviar a tensão e ajudar os dois a verem a situação de outro patamar, de forma a ver quão ridículos e contraditório muitas vezes alguns momentos na vida são. Mesmo que o assunto seja super sério, humor é uma grande ferramenta para limitar o drama emocional ou escalar uma briga.

2. Bom senso. Algumas situações não requerem que você use de humor, e isso pode parecer ofensivo, como alguém muito doente, por exemplo. Se usado da forma errada, o humor vai é escalar a tensão e causar ainda mais problemas. Considere algumas questões:

• *Pergunte a si mesmo se a pessoa em questão responde bem ao humor.* Não é todo mundo que aprecia uma brincadeira ou outra. Ela pode achar que você não está levando a situação a sério e sendo desrespeitoso.

• *Se uma pessoa é muito crítica e ao mesmo tempo muito sensível, seja apenas respeitoso e não discuta.* Responda calmamente uma situação e só. Não prolongue muito.

• *Pergunte a si mesmo se o humor é apropriado naquele contexto.*Principalmente se diz respeito às crenças e convicções de outra pessoa.

• *Pergunte-se qual o nível de humor que pode aplicar,* caso seja no ambiente de trabalho (sem ser antiprofissional), em casa (sem machucar os sentimentos de ninguém).

3. Use humor com respeito no momento certo e da forma certa. Praticar é uma boa pedida, em qualquer situação, e principalmente naquelas onde o bom humor pega bem. Mesmo assim seja sempre respeitoso.

4. Como usar o humor. Coloque certa perspectiva no comentário. Se você tem culpa no problema, faça uma certa brincadeira assumindo alguma falta, afinal, deve levar suas próprias faltas também de maneira mais humorada. Tenha certeza que usa carinho na brincadeira com outra pessoa. Um exemplo: Outro dia vi um casal onde a esposa se culpava e estava se sentindo horrível porque acidentalmente queimou o jantar. O marido disse em seguida: "Mas meu bem, com toda sua beleza, tenho certeza que as panelas se esconderam de vergonha". Foi um comentário simples que fez a esposa sentir-se melhor e rir da situação.

5. Quebrando o gelo. Quando o clima está pesado e alguém faz um comentário que tira aquele ar pesado do ambiente. Um exemplo aconteceu comigo numa reunião de trabalho, onde o clima estava tenso, e alguém que estava chegando, percebeu a situação e começou a cantar uma música engraçada com entonação de voz mais engraçada ainda. Todo mundo riu! O ambiente melhorou instantaneamente e todo mundo de repente, como que por coincidência - que sabemos que não era – resolvemos a situação sem o peso da tensão.

6. Converse seriamente sobre os problemas depois que todos se acalmarem. Digamos que a situação realmente precise de uma conversa séria. Aguardar que as partes se acalmem para cuidar do assunto é sempre uma boa opção. Também mostra que você, mesmo sendo bem-humorado(a), está preocupado(a) em resolver o problema, e não fez a brincadeira antes para evitar a conversa, apenas para acalmar os ânimos. No casamento, lembre-se de uma época onde vocês dois costumavam rir e resolver os percalços do dia a dia sempre de bom ânimo. Lembre de um filme engraçado naquela situação.

Ter bom humor não quer dizer que você deve ficar fazendo piadas 24 horas por dia, mas que você vai ter paciência para ver o melhor lado das situações, da melhor forma que puder, para solucionar o problema sem estresse.

Muitas vezes não é o que você diz, mas o que você faz. Uma expressão engraçada pode ser suficiente para estimular a linguagem corporal do casal ou mesmo de um grupo, mas muito cuidado com o sarcasmo que não tem nada a ver com humor.

A VERDADEIRA ARTE DA SEDUÇÃO

À medida que a tecnologia avança e mais ferramentas adquirimos para nosso dia a dia, mais distrações para nos tirar do curso também inundam a nossa rotina, e alguns dias parece mesmo que a vida está se complicando porque tudo isso se infiltra em nossa privacidade, casamento, relação com a família, sem falar de que passamos tempo demais em nossa vida virtual, e quase nada acontece na vida real.

Para sermos felizes no amor e seduzirmos alguém todos os dias sem precisar forçar a intimidade, não somente uma vez, precisamos em primeiro lugar colocar nossa autoestima em dia, retirar de nossa vida o que não presta, e viver a vida o melhor que podemos, estabelecendo verdadeira conexão com a pessoa que amamos. Pessoas inteiras e felizes consigo mesmas atraem o outro todos os dias, são interessantes e carismáticas.

Pensando nisso, aqui vão algumas dicas para viver de forma mais produtiva e de quebra, atrair o amor e seduzir alguém como uma pessoa completa:

1. Seja otimista

Alguns veem o copo metade vazio, outros metade cheio. Escolha como ver a vida de forma que possa focar nas partes que estão funcionando, ao invés das que não estão.

2. Menos aparelhos eletrônicos, mais face a face

Use o celular e o computador para o que precisa, sem dispender horas em joguinhos ou em *apps* que não são de utilidade para suas atividades diárias.

3. Menos informação sobre sua vida privada

Tome cuidado com sites sociais onde milhões de pessoas expõem sua vida diariamente. Guarde os detalhes para as pessoas que ama, bem como resolva os problemas que possa vir a ter com alguns frente a frente, pacificamente. Não grite ao mundo suas frustrações.

4. Seja grato

Aprecie as pequenas maravilhas que a natureza oferece, os pequenos gestos daqueles que o cercam. Diga "obrigado" com frequência.

5. Mantenha a criança dentro de você

Isso significa saber como relaxar, perdoar facilmente, fazer amigos e ser gentil com as pessoas, dizer a verdade. Não magoar ninguém, e se acontecer, pedir perdão rapidamente.

6. Passe tempo com sua família

O tempo gasto com a família nunca é perdido. Seja dando atenção a um filho, lendo histórias ou brincando de bola, ou conversando e ajudando seu cônjuge a preparar o jantar. Não importa. Esse tempo criará memórias inesquecíveis.

7. Pare de se preocupar com o que os outros pensam - e dizem

Há uma linha tênue entre a preocupação excessiva e a ansiedade e obsessão. Viver cada momento, deixar os fofoqueiros para Deus cuidar, e fazer o melhor que puder, ajuda a não ficar tão preocupado com as coisas que virão. Aprecie o aqui e agora, e viva um dia de cada vez.

8. Exercite-se

Exercícios elevam o humor e a autoestima, trazem satisfação pessoal no cumprimento de metas e melhoram a atitude e confidência.

9. Capriche nas surpresas

Você pode fazer uma surpresa a si mesmo, ou ao outro com algo que ele menos espera.

10. Identifique seus talentos

Talentos e valores são aplicados em tudo o que fazemos todos os dias, portanto incorpore-os nas suas atividades diárias.

11. Perdoe e esqueça

Perdoe as faltas alheias que lhe ofenderam, peça perdão se precisar, faça a restituição de seus erros às pessoas e esqueça os erros que cometeu, lembrando apenas das lições aprendidas dos fracassos passados. Viva o presente de forma que o futuro seja garantidamente satisfatório.

12. Sirva o próximo e aceite ser servido

À medida que damos de nós mesmos e servimos a quem precisa, seja algo material, uma palavra amiga ou mesmo um sorriso, sentimo-nos mais úteis. Estamos cercados de muitas pessoas por bons motivos, basicamente para nos ajudarmos mutuamente, ou seja, aceitar ajuda também é uma boa forma de praticar humildade e conhecer outras pessoas.

13. Tenha responsabilidade

Assuma definitivamente que você é o responsável pelas condições e qualidade de vida que possue. Sua carreira, suas relações pessoais e familiares e sua felicidade dependem de você e da disciplina que aplica em fazer boas escolhas todos os dias. Isso também economiza tempo tentando consertar situações difíceis.

14. Melhore a comunicação

Entenda você mesmo, otimize sua capacidade de se comunicar e faça de seu casamento e qualquer conversa que tiver, um mar de entendimento e compreensão. Saiba ouvir, use sua sensibilidade.

15. Mantenha a fé

Ao final de seu dia quando você está cansado de todo esforço e energia que precisou dispender para o cumprimento de suas obrigações, lembre-se que ainda há sonhos a serem concretizados, o que lhe mantém focado e lhe traz forças para continuar seguindo. Amanhã será outro dia, e trará tantas realizações e boas coisas proporcionalmente ao que você acreditar.

E por último: Sorria e ame como a primeira vez. Não deixe que o peso dos erros, das decepções e das dificuldades destruam os minutos mais importantes do seu dia, aqueles que você partilha com seu amor e sua família.

Viva um dia de cada vez. Seu casamento, seu chamado de pai ou mãe, seu eu, precisam de você bem todos os dias para progredirem. Deixe o dia de uma pessoa melhor do que quando a encontrou sempre, o resto é passageiro. A vida é sua. Não passe apenas por ela, viva-a! Não há nada mais sedutor que uma pessoa que irradia alegria e está de bem consigo mesma.

CASAMENTO: AVENTURA PARA OS PERSISTENTES

Você pode ter o melhor casamento do mundo, mas em algum ponto, ele precisará de certo reparo, afinal, casamentos de sucesso dependem de trabalho de ambos, marido e mulher. Não é dever somente da mulher fazer uma relação funcionar nem nunca foi, mas há algumas coisas que a maioria dos homens não sabe como explicar a uma mulher, quando é que sabem da necessidade das mesmas.

No livro Every Woman's Marriage (29) - O casamento de toda mulher, do casal de autores Shannon e Greg Ethridge, eles se aprofundam sobre alguns segredos que as mulheres PRECISAM saber com urgência:

1. Seu marido não pode preencher todas as suas necessidades emocionais

Colocar todo o peso de todos os problemas que temos nos ombros dos maridos, além de imaturo, é espantá-lo para longe. Se você percebe que seu marido anda evasivo, respondendo nervosamente suas dúzias de perguntas, pare e avalie a situação. Ele não tem obrigação de saber o que fazer em todas as situações.

Homem nenhum pode satisfazer todas as nossas necessidades emocionais e verá suas cobranças como pressão extra onde muitas vezes ele não está preparado para lidar com as mesmas.

2. Seu marido também tem necessidades emocionais que são tão importantes quanto as suas

Quando as mulheres acham que seus maridos não estão dando a devida atenção às próprias necessidades que elas têm, esquecem-se que eles também as possuem. A autora Shannon Ethridge diz que, se as mulheres conversassem com suas melhores amigas da forma como conversam e exigem as coisas de seus maridos, provavelmente já teriam perdido as amigas há muito tempo. Ou os filhos.

Se conversássemos com nossos maridos da mesma forma carinhosa e preocupada, com tato e amorosamente, como conversamos com nossos filhos, nossos relacionamentos seriam bem diferentes. Amizades dependem de dedicação. Casamentos mais ainda.

3. Seu marido foi designado para ser o líder da família por Deus

Se você não acredita em Deus, precisa entender pelo menos que muitos dos problemas existentes hoje em dia vêm justamente do entendimento errado que a sociedade possui em relação aos papéis de homem e mulher no casamento.

Shannon, a esposa de Greg Ethridge, explica isso muito bem. Um homem que teme a Deus, tratará sua esposa como igual, assim como Cristo deu a vida por Sua Igreja. Ele não será autoritário, e nunca exigirá submissão de sua esposa. Mas, sua esposa o tratará e lhe respeitará como homem. Não há machismo nem feminismo, mas unidade e boa vontade.

Um casamento de sucesso precisa de um homem e uma mulher que se respeitem, que respeitem as opiniões um do outro e juntos construam uma vida a dois, onde ambos se doam diariamente e igualmente para fazer a coisa funcionar. Esse é o modelo divino.

Uma mulher que provoca e desrespeita seu marido é tão decepcionante e inaceitável quanto um marido que desrespeita e abusa de sua esposa.

4. A grande maioria dos homens quer que seu casamento prospere

Vemos muitos casamentos por aí onde os homens simplesmente largaram a família e jogaram tudo fora por uma aventura. A mídia, as novelas, o cinema, a deturpação do feminismo pode levar a maioria das mulheres a crer também que os homens não querem saber de ser fiéis ou não ligam para a manutenção do casamento. Mas a grande maioria dos homens casados quer que seu casamento funcione.

Shannon e Greg explicam que a sociedade em geral pintou os homens como os vilões do casamento, mas com as estatísticas (30) comprovando, por exemplo, que mulheres traem seus maridos tanto quanto os homens, vemos claramente que isso é uma inverdade.

Isso não coloca toda a responsabilidade sobre as mulheres, muito pelo contrário! Ajuda tanto as mulheres como os homens a perceberem que, ao invés de escolherem seguir o senso comum e engordarem a opinião errônea da sociedade de que somente os homens são o motivo dos casamentos desfeitos, maridos e esposas podem assumir juntos suas próprias responsabilidades e juntos, criar sua própria unidade, uma família forte, onde pai e mãe trabalham e se dedicam juntos, respeitando-se e amando um ao outro todos os dias para dar o exemplo maior de união e igualdade aos filhos; e assim mudar o rumo das gerações seguintes priorizando o casamento e família, ensinando que ambos possuem responsabilidades iguais para a construção de um casamento e família felizes.

Para quem se interessar, no livro Amor no Lar, eu me aprofundo bastante sobre o casamento e avalio os relacionamentos a partir da mulher e do homem.

MULHER: ENCONTRANDO SUA VOZ NO CASAMENTO

Quando uma mulher ama um homem, geralmente, pelo menos no início da relação, ela deixa passar algumas coisas que lhe chateiam por simplesmente achar que são mínimas. A medida que a relação evolue porém, ela espera mais maturidade e respeito de seu namorado ou marido e, ao invés de externar a ele os problemas, suas frustrações resultam em cobranças, reclamações e brigas, ou seja, tudo o que ele não entende já que fica na defensiva.

Então, o que uma mulher precisa aprender a como dizer a um homem o mais rápido possível? Algumas coisas:

1. Pare

Essa é uma habilidade necessária perante uma situação que você se sente inconfortável, principalmente sexual. Você precisa saber exatamente o que não lhe agrada ou que extrapola os limites e saber como dizer a ele claramente. Você não lhe deve nada e é obrigação dele respeitar seus limites. Neste caso, "pare" é sinônimo de **"Não"**, e toda mulher precisa saber exatamente o seu limite.

2. Capacidade de comprometimento

Não existe uma relação séria sem isso. Se a relação não evolui, você precisa saber se ele está ou não a fim de se comprometer definitivamente, principalmente se o casamento estiver em seus planos. Seja direta e aja racionalmente se as ações dele forem diferentes das palavras e não se engane.

3. Você machucou meus sentimentos

Sutilmente sem ofender ou magoar, seja direta ao ponto e converse assertivamente. Deixar passar uma, duas, três coisas que ele faz e que claramente lhe machucam por uma, duas ou três vezes, é esperar uma explosão mais tarde que pode provocar um confronto desnecessário . Comunicação adulta e madura é o que se espera quando um machuca o outro, seguida de arrependimento e perdão.

4. É assim como me sinto

Sem cobranças que ele deveria saber, ou que ele deveria ter consideração, algo que deveria fazer e observar, etc etc etc. Se você não for clara e conseguir explicar as coisas de maneira justa, não tem o direito de cobrar nada dele. Fale, saiba ouvir, e avaliem juntos o que um pode fazer pelo outro sem macular os próprios limites.

5. Este comportamento é inaceitável

Algo que ele faz que vai contra todos os seus princípios não ajuda o relacionamento a progredir. Antes de fazer um escândalo na primeira vez que ele fez algo que lhe decepcionou ao extremo, explique que seu comportamento é inaceitável. Amar é receber o outro, e junto com ele todos os seus defeitos. Se há defeitos que você não pode conviver, seja direta.

6. Meu (trabalho, fé, filho, família, sonho, amigos etc) é realmente importante para mim

Não seja uma camaleoa e mude completamente sua vida, esquecendo-se de tudo o que é importante para você, somente para agradar o homem que você ama. Fazer ajustes e entrar em acordo sobre uma coisa ou outra é natural, mas viver a vida do outro definitivamente não funciona. Aprenda a defender o que você acredita e não se desculpe por ser quem você é. Uma relação de futuro com alguém que valha a pena não deve comprometer seus valores e princípios, que devem ser no mínimo respeitados.

7. Minha vida e felicidade não gira em torno da sua

Há uma linha tênue entre amar alguém e fazer tudo por aquela pessoa, e deixar de ser quem você é e virar um escravo dos desejos do outro. Se sua autoestima estiver baixa e você se anular completamente por alguém, cedo ou tarde irá cobrar dele. O homem certo não lhe tratará como empregada dos seus desejos mas saberá lhe respeitar, além de saber que você é digna de ser tratada como uma mulher de valor e com luz própria. Qualquer coisa dfierente disso é uma relação tóxica que caminha em sentido inverso ao amor.

Não espere até você estar completamente perdida para aprender a se expressar perante um homem. Mesmo se você já estiver em um casamento há anos, sempre é hora de aprender a se comunicar sem seguir o estereótipo que vemos mundo afora. Todos machucamos uns aos outros, mas todos precisamos aprender a expressar nossas emoções se quisermos ser melhores do que somos e construir um relacionamento realmente promissor a fim de nos tornar **um** com o outro.

CASAMENTO: UNIÃO DE OBJETIVOS DE VIDA

Talvez o pensamento primeiro que nos venha quando tocamos no assunto sobre falar a mesma língua nos lembre de casais de nacionalidades diferentes onde ambos falam línguas diferentes, tentando se comunicar. É interessante notar que muitas vezes conhecemos casais que mal entendem a linguagem um do outro, enquanto outros casais que falam a mesma língua não têm o mesmo sucesso no entendimento.

Aqui algumas dicas para aprender a falar a mesma língua que seu cônjuge:

1. Expressar sentimentos negativos de forma construtiva

Sentimentos negativos nos vêm de acordo com as diversas situações de vida que temos todos os dias. Dependendo de nossa atitude, poderemos ter momentos de angústia, amargura, decepção, frustração ou ressentimento. Isso é normal a todos os mortais.

Para ter um casamento de sucesso porém, é importante que saibamos como expressar tais sentimentos ao cônjuge. Se você joga todas as suas frustrações nas costas do outro de forma descontrolada ou violenta, as consequências para o restante da família podem ser desastrosas.

Os sentimentos negativos precisam ser expressados e assim a empatia e o trabalho em equipe ser estabelecido na prática. Falar de algo que não se gosta é mandatório antes que a atitude do outro cresça a ponto de perder o controle.

Algumas regras que ajudam a expressar sentimentos de forma construtiva:

- Não exagere.

- Não compare com outras relações que teve no passado.

- Use frases que começam com "Eu" ao invés de "Você". Sempre prestando absoluta atenção a não culpar o outro já que ambos têm responsabilidade numa situação.

- Não generalize, seja específico em relação à situação.

2. Ouvir sentimentos negativos sem se defender

Ouça o que o outro tem a dizer e tente identificar o sentimento dele. Assuma suas faltas e se desculpe. Isso economiza tempo e imbute respeito e admiração entre o casal.

3. Expressar sentimentos positivos sem inibição

Seja afeição, apreciação, aprovação, admiração e respeito. Esses são sentimentos positivos porque geram reações positivas em quem os sente. Faz parte do sucesso do casamento que ambos os cônjuges saibam expressar muitos dos sentimentos positivos, inspirando assim o outro a fazê-lo também.

4. Ouvir sentimentos positivos com gratidão

Algumas pessoas não aceitam elogios, sentem-se mal, negam ou tentam justificar as coisas boas desmerecendo a si mesmas ou o outro que o diz, julgando-o interessado em algo diferente. Isso precisa mudar. É necessário reconhecer as próprias qualidades, e ser grato quando alguém as reconhece, e dizer apenas "obrigado".

Enfim, se ambos os cônjuges aplicarem essas regras simples de saber como se expressar e saber ouvir, estarão rumo ao entendimento e aceitação um do outro, e falarão a língua universal do amor.

EVITANDO O DIVÓRCIO

Depois de algumas decepções amorosas, ficamos meio escoladas em como reconhecer quando um homem está mentindo. A confiança é perdida quando há mentiras e fica difícil de continuar, a insegurança nos consome e os ciúmes destroem o restante da relação.

Há técnicas (31) que policiais, espiões e psicólogos usam para detectar mentiras, desde a leitura corporal, contradições, movimentos dos olhos e outros detalhes. Por experiência própria, sugiro 4 dicas infalíveis que têm funcionado comigo e algumas amigas em nossas relações pessoais para reconhecer quando o namorado está mentindo.

1. Muitas palavras, poucas ações

Você conhece aquele que parece ser um príncipe encantado: bonito, charmoso, bem de vida, educado, que se demonstra superapaixonado e quer estabelecer um compromisso em um curto espaço de tempo. Tome cuidado! Procure conhecê-lo mais a fundo, observe como se porta em situações do dia a dia, sua reputação na família, trabalho, amigos. Nenhum homem é perfeito, e se ele é tão bom, por que ainda está sozinho? Se ele quer mesmo um compromisso sério, o que ele está fazendo para que isso aconteça?

2. Confie na sua intuição

Nossas inseguranças são a pedra de tropeço em nossos relacionamentos e podem sabotar um relacionamento promissor, mas se você sente algo que não está muito bem explicado e esse sentimento não desaparece, acalme-se, avalie se isso não é apenas implicância ou insegurança, e procure a raiz do problema. Não se iluda com excesso de qualidades ou com vantagens em demasia.

3. Seja objetiva e demande uma resposta objetiva

Pergunte diretamente algo que lhe soa estranho. Se ele repetir a pergunta ao invés de respondê-la, pode ser que esteja pensando na melhor resposta. Alguns homens são experientes em falar o que a mulher deseja ouvir, ao invés de serem objetivos. Eles rodeiam, rodeiam, mudam de assunto e não respondem a sua pergunta. O que você prefere? Viver com um homem que está sempre inflando seu ego ou com um homem honesto que falará o que pensa quando pensa? A verdade talvez doa, mas se sofrermos com o resultado pelo menos sofremos só uma vez. A mentira pode fazer-nos sofrer muitas vezes.

4. Reações visuais

Algumas dicas que funcionam na maior parte das vezes:

• Olhar para a esquerda: Quando você pergunta algo e eles olham para a esquerda antes ou enquanto falam, pode denotar uma mentira.

• Colocam as mãos nos bolsos ou cobrem a palma das mãos. É a atitude instintiva de esconder algo.

• Nervosismo inexplicável. Ele começa a ficar meio bravo com suas perguntas, agitado ou impaciente. Isso é importante, afinal, quem não deve não teme!

• Olhe nos olhos. Ele está olhando em seus olhos normalmente, ou está olhando demais em seus olhos, tipo forçando-se a olhar ou ainda olhando por alguns segundos e olhando para os lados logo em seguida? Isso pode denotar que ele está tentando ganhar sua confiança de forma não natural.

• Fica vermelho. Seja de medo, impaciência ou nervosismo, repare no tom de pele.

• Educado demais ou pedindo desculpas demais. Não há necessidade de agir dessa forma se estiver contando a verdade naturalmente.

Enfim, qualquer linguagem corporal que ele tenha que não seja natural, denota que ele pode estar mentindo. Mesmo que leve algum tempo para descobrir não desista de tentar esclarecer.

Leve em conta traços de personalidade como introversão, baixa autoestima ou medo.

5. Se tudo isso não funcionar, tente a seguinte técnica:

Durante uma conversa intensa onde ambos estão nervosos e ele se mostra ofendido com a questão, mude de assunto de repente para algo opostamente positivo. Se ele conseguir rir e entrar no assunto sem pestanejar, relaxar e melhorar a feição, pronto, ele estava mentindo e está se sentindo aliviado por você ter mudado de assunto. Se ele não estiver mentindo, ele vai querer primeiramente resolver o assunto antes de partir para outro. Senão, pode até passar alguns dias e ele ainda querer tirar a questão a limpo, demonstrando que fique claro que ele falou a verdade. Isso nunca falha, pode tentar que funciona.

Enfim, até na história de Pinóquio, ele se arrependeu e parou de mentir e assim transformou-se num menino de verdade. Seu perdão e seu amor podem transformar seu namorado em um homem de verdade também, mas é bom proteger-se dos que insistem em mentir.

Aprenda a se comunicar melhor para salvar sua relação

Utilizar boas habilidades de comunicação é essencial para um casamento feliz e durável. Felizmente, fica mais fácil se ambos estão interessados em melhorar como casal.

O primeiro passo para uma comunicação saudável é averiguar suas expectativas do casamento. Assim que você se der conta de que seu cônjuge não lerá sua mente e não mudará muito, depois da cerimônia, é hora de começar a exercer a comunicação.

Veja algumas habilidades que precisamos desenvolver para construir uma comunicação saudável e ajudar o casamento:

1. Elimine todas as distrações

Para começar uma conversa, dando atenção à outra pessoa e realmente demonstrando a importância do casamento, faz-se necessário desligar TVs, celulares, computadores, etc.

Aprenda a ouvir. O mundo em si apresenta as qualidades de um bom comunicador pautada por sua experiência em ser bom discursante. Na verdade, um bom comunicador é aquele que ouve mais do que fala. Ouvir é mais que apenas manter seus ouvidos longe das distrações, é prestar atenção no que a outra pessoa está dizendo.

2. Considere os sentimentos do outro

Uma boa amizade consiste em nos colocarmos no lugar da outra pessoa. E, num casamento, isso é primordial. Dia após dia, estaremos conhecendo melhor um ao outro. Viemos de diferentes famílias, com diferentes experiências, valores e expectativas que formam a pessoa que somos. Em vez de se decepcionar ou ficar nervoso quando seu cônjuge não o entende ou não atende seus desejos prontamente, tente você mesmo entendê-lo: de onde ele vem, as experiências que já teve, ou mesmo, que ainda não teve.

3. Crie um plano para assuntos difíceis

Em algumas circunstâncias, as conversas podem ser mais acaloradas. Muitas vezes você vai precisar conversar sobre assuntos difíceis, como infertilidade, a família do outro, dinheiro, morte, entre outros, onde a paciência e a empatia devem ser exercitadas mais do que nunca. Comece de forma sutil e pacífica.

Quando as conversas esquentam e o amor tende a se esconder, o mais importante, nessas horas, é fugir de uma briga. Faça um intervalo no meio da conversa e retorne quando ambos estiverem mais calmos.

4. Encontrem juntos uma solução

Temos que ser flexíveis para um casamento funcionar. Há muito para dar e receber, ou seja, ambos precisam ceder certas vontades em prol do entendimento para chegarem a um acordo.

Após uma conversa, entrem num acordo sobre o qual ambos se sintam à vontade e cumpram com sua palavra. Sejam leais e coloquem em prática o que combinaram, senão, surgirão novas discussões sobre o mesmo assunto.

5. Encontre tempo para se comunicarem

Temos uma rotina bastante ocupada em nossa vida diária. Casais mais novos geralmente estudam e trabalham. Muitos têm filhos pequenos e muitas outras atividades. Compreensão e paciência são indispensáveis.

É importante que encontrem pelo menos 15 minutos, todos os dias, para:

- Olharem nos olhos um do outro.

- Conversarem sobre com foi o dia de cada um.

- Relembrar as metas.

• Avaliar se foram ou como foram colocadas em prática.

Essas ações ajudam a não deixar esse tipo de sinergia se esvair.

6. Aproveite a companhia um do outro

O sucesso na comunicação dentro de um casamento acontece quando duas pessoas se sentem confortáveis na presença uma da outra. Isso inclui ficarem à vontade para serem quem são, tirarem um tempo para relaxar, curtirem o momento à dois, saírem para namorar um pouco, mantendo, dessa forma, acesa a chama do amor que as uniu. Afinal, nascemos para ser felizes.

Segundo o IBGE (32), o número de divórcios no Brasil tem crescido ano após ano. A facilidade legal e a diminuição da influência da religião, tornou o divórcio mais "aceitável", infelizmente.

Ninguém nos ensina exatamente as verdades do casamento, e a grande maioria de nós também está tentando acertar, entre erros e acertos. Mas a responsabilidade do casamento é de ambos os cônjuges. Criar uma família também. As causas do divórcio variam grandemente, mas a infidelidade é uma das causas mais comuns. Muitas vezes a distância entre o casal começa por um motivo qualquer, por falta de comunicação, por uma opinião diferente, enfim, qualquer que seja o motivo, há solução sim.

A infidelidade é uma estrada quase sem volta, que, aqueles que enveredam por ela, se o casamento possuir insatisfações prévias, tendem à separação. Perdoar não é sinal de fraqueza, muito pelo contrário. Um cônjuge que trai mas está arrependido e busca o perdão do outro, merece um voto de confiança. Há muito o que pesar na balança, entre família, filhos, e assumir que ninguém é perfeito e todos merecem uma segunda chance é essencial. Afinal de contas, 'somos julgados à medida que julgamos os outros'.

Independente do que você fez que maculou a confiança que o cônjuge tem por você, ou se foi você quem teve um encontro extraconjugal, contou ao cônjuge por decidir que ainda o ama, mas a mágoa está estabelecida, precisa decidir se vai realmente conseguir ter paciência para resgatar seu casamento, este artigo é para você. Você errou ou o outro errou. E agora? O que fazer para reconquistar a confiança de seu cônjuge? Compartilhe este artigo com o cônjuge ou leiam juntos, quantas vezes precisarem, e juntos caminharão para o restabelecimento do casamento.

1. Seja paciente ao extremo

Depende das pessoas envolvidas e sua forma de reação ao ocorrido, mas você tem que ser paciente com seu cônjuge. Ele(a) poderá passar por períodos de extrema baixa autoestima e depressão, cobrança e inconformismo. Esteja preparado para responder perguntas. Cada pessoa tem um tempo próprio para se restabelecer. Não dite esse tempo, mas respeite sua dor.

2. Pare definitivamente de mentir

Pare de mentir, defender-se ou ficar dando desculpas de seus atos. A culpa não é do seu cônjuge por você tê-lo traído, é sua. Trair é uma mentira. Jesus Cristo não disse que Judas o traiu? Como? Judas mentiu. A confiança uma vez quebrada leva tempo para ser restabelecida. Não há problema no casamento que a solução seja um caso extraconjugal. A traição é uma escolha, por pior que a relação esteja. Se você continuar mentindo, seu marido ou esposa nunca conseguirá confiar em você novamente. Seja íntegro. Sua vida deve ser um livro aberto, com nada a esconder. A longo prazo, isso só lhe trará benefícios.

3. Melhore a comunicação

É necessário que a comunicação entre marido e mulher seja respeitosa, honesta e aberta. Vocês precisam aprender a conversar, e isso significa aprender a ouvir, manter a palavra e honrar os acordos feitos. No livro "Amor no Lar", trago muitas respostas sobre como lidar com esse problema no casamento e no lar.

4. Foque no positivo

Quando um cônjuge é traído, a imagem da traição pode vir à tona a qualquer momento. Essa dor precisa ser comunicada sem atacar ou culpar o outro a toda hora. Tenha paciência, foque no positivo, o que passou já passou, mas seja humilde e faça com que suas ações demonstrem que você escolheu ficar ao lado da pessoa que ama porque esta é a escolha que fez. Viva e ajude o outro a viver o presente agora.

5. Seja assertivo

Cada vez que o problema da falta de confiança ressurgir, diga, *"Eu sei que cometi um erro e peço perdão sinceramente por isso. Eu sei que tenho causado muita dor. Estou aqui agora com você porque lhe amo. Há qualquer coisa que possa fazer para você se sentir melhor?"* Então ouça o que a pessoa disser e tente ouvir com o coração e entender que talvez você precisa de uma mudança de atitude. Esse autocontrole desarmará a raiva, reafirmará o amor e abrirá a oportunidade para um abraço com carinho, aproximando-os.

6. Aproxime-se do cônjuge

Não o deixe sozinho. Venha na hora certa depois que sair do trabalho. Passem mais tempo juntos, façam mais atividades juntos. Saiam mais, e conversem mais. Melhore a convivência. Trate-o como gostaria que ele fosse, seu amor eterno e companheiro para a vida toda. Dê-lhe a atenção que merece e seja dedicado em fazê-lo sentir-se amado.

Além do desgaste causado pela traição, outros assuntos sobre privacidade e possessividade surgidas depois disso, poderão minar o casamento. Não rebata. Não vale a pena desgastar ainda mais o que se está tentando consertar.

8. Comporte-se como alguém casado

Nada de cobiçar pessoas do sexo oposto, manter conversações íntimas em particular com o sexo oposto, ou atividades de qualquer natureza onde fique sozinho(a) com o sexo oposto. Isso vai apenas servir de estopim para mais desconfiança.

9. Começar de novo

Essa é uma oportunidade para se aproximar, trabalhar no que está errado e melhorar, fazendo o casamento melhor do que antes. A força do perdão é infinita, e a do arrependimento também.

10. Procure terapia para casais

É uma opção a se considerar caso não saiba como fazer tudo isso, ou se a outra parte não progride rumo à resolução do problema.

Aprender a perdoar e resolver os problemas num casamento traz força e faz com que essa relação não seja ameaçada por nenhum outro problema futuro. Desistir é o que a maioria faz por estar muito preocupada com o que os outros vão pensar. Restituir o erro e estabelecer a paz é para os fortes, com certeza. Não é fácil, mas se cada vez que um cônjuge comete um erro, desistimos de tudo e partimos para o divórcio, outros casamentos virão e outros divórcios também, e não estaremos aprendendo coisa alguma ou sequer ensinando os filhos a como resolver os problemas ou a como perdoar, na prática, não somente em teoria, ou seja: por exemplo.

Se ambos se esforçarem para alcançar e viver o perdão na vida a dois, muitas bênçãos virão para a manutenção da família, que é o que realmente e comprovadamente nos traz felicidade verdadeira e duradoura.

O PROPÓSITO DE DEUS E O SEXO NO CASAMENTO

Quando um homem e uma mulher se amam e desejam se casar e formar uma família, isso inclui, ou deveria incluir, a seriedade e fidelidade ao convênio matrimonial que abrange monogamia e lealdade, em pensamento e ação.

Assim como o casamento não é apenas a legalização do sexo, a formação de uma família não é apenas casar e ter filhos. A família é onde "homem e mulher se tornam uma só carne". É onde o amor de Deus é revelado através dos pais aos filhos e das muitas gerações que virão.

Sexo: Presente divino

Tudo o que Deus fez é bom. E toda e qualquer coisa que Ele fez tem o propósito de revelar Sua Glória. Como tementes a Deus, precisamos entender que o sexo é um dos presentes divinos que Ele nos proporcionou para nossa felicidade. Sexo é o poder de criar vidas, e é natural que haja diretrizes específicas sobre o uso desse privilégio. David Bednar disse: "O modo pelo qual encaramos e usamos esse sublime poder vai determinar em grande medida a nossa felicidade na mortalidade e o nosso destino na eternidade." (33)

Fontes deturpadas de informação

Infelizmente, uma grande parte dos seres humanos possui uma expectativa falsa do que o sexo representa no casamento. A maioria de nós tem contato com o "sexo" muito cedo, através da moda que dita a sensualidade como atraente, em novelas, na pornografia gratuita, em filmes e internet, etc. É a velha confusão de chamar desejo de amor.

Esse tipo de "costume" focaliza demais o sexo somente no corpo e não na experiência inteira da harmonia e complementação dos gêneros. Mais do que ter partes do corpo diferentes, o homem e a mulher foram feitos um para o outro. O desejo, a anatomia e a atração os dirigem um para o outro. É o dar e receber recíproco que enlaça corpos, mentes e corações. É o prazer não somente sexual e físico, mas também mental e espiritual que complementa um casal e os torna como um em propósito perante o plano divino.

Sexo indiscriminado: Da destruição da sociedade ao desaparecimento das famílias

O sexo usado de forma distorcida é a razão de sofrimento para a grande maioria das famílias. As consequências são:

- gravidez indesejada

- irresponsabilidade

- falta de afeto natural

- doenças venéreas

- perversões sexuais

- abortos

- órfãos

- estupros

- infidelidade

- divórcios

- luxúria

- crimes

Enfim, quedas de reinos inteiros e destruição de famílias inteiras. O fato de governos, reinados, leis, pessoas corruptas e até algumas igrejas tentarem reduzir a seriedade dessas práticas tornando-as legais não têm ajudado em nada a manutenção da força familiar, muito pelo contrário.

Castidade: Exercitando a fidelidade

A castidade é um treinamento para a vida. É um exercício para a fidelidade, lealdade e momentos difíceis num casamento.

Tenho uma amiga que ela e o marido eram os jovens mais bonitos que eu conheci. Bonitos fisicamente e de um bom humor contagiante. Após poucos anos de casamento, ela sofreu um acidente e ficou tetraplégica, e ele cuidou dela com amor ainda maior. Ela o deixou livre para ser feliz com outra pessoa, mas ele permaneceu firme ao seu lado. Tiveram mais dois filhos depois desse incidente. Hoje, mais de 20 anos depois, eles dizem que se amam mais do que nunca. Esse é o tipo de amor divino, que transcende o desejo e as dificuldades, que tem o sexo como complemento, não fim.

O sexo é uma parte importante e prazerosa da vida conjugal. É a única coisa que marido e mulher, legal e legitimamente casados, fazem um com o outro que é exclusivo deles. Todas as outras relações que temos com outras pessoas contêm sentimentos, situações e semelhanças de nossa relação amorosa, mas não o sexo. Deus não nos deu esse presente como mero divertimento ou satisfação de desejos do corpo. Não há instrução alguma vinda do Senhor que afirme que sexo entre marido e mulher deva ser somente para procriação, mas também não há aprovação em lugar algum para o tipo de sexo indiscriminado que vemos na sociedade em que vivemos fora dos laços do casamento.

Sexo como complemento de um casamento divino

Alguns pensam que a felicidade estará sempre na próxima conquista. Spencer Kimball disse: "Uma pessoa pode sentir-se imediatamente atraída por outra, mas o amor vai muito além da atração física. É algo profundo, inclusivo e abrangente. A atração física é apenas um de vários elementos; é preciso haver fé, confiança, compreensão e união. É preciso haver ideais e padrões comuns. Deve haver grande devoção um ao outro e companheirismo. O amor inclui pureza, progresso, sacrifício e altruísmo. Esse tipo de amor nunca se cansa ou se enfraquece, mas continua a viver em meio a enfermidades e pesares, pobreza e privações, triunfos e decepções, no tempo e na eternidade. Para que o amor continue a existir, deve haver um aumento constante de confiança e compreensão, de expressões sinceras e frequentes de gratidão e afeto. Cada um deve esquecer a si mesmo e preocupar-se constantemente com o outro. Os interesses, esperanças e objetivos devem convergir continuamente para o mesmo ponto." (34)

A urgência de ensinar os filhos e protegê-los para que encontrem a felicidade real

Ensine aos seus filhos a sacralidade do sexo no casamento. David Bednar complementa dizendo que o sexo não é uma "curiosidade a ser explorada, um apetite a ser satisfeito, ou um tipo de recreação ou entretenimento. Como filhos e filhas de Deus, herdamos Dele capacidades divinas. Mas neste momento vivemos num mundo decaído." (33)

Se seus filhos crescerem com o conhecimento do que realmente o Senhor espera de um homem e uma mulher em relação ao sexo e casamento, e souberem investir tempo e paciência no casamento através do exemplo que você tem lhes dado, não atendendo às diversas investidas da sociedade mundo afora, não somente experimentarão o sexo completo como Deus deseja que o tenham quando se casarem, mas também a felicidade divina.

Demonstrando mais amor e paciência

Quando falamos em demonstrar amor, geralmente pensamos em demonstrações públicas, caras, constantes ou diretas, mas muitas vezes o que realmente faz a diferença em nossos relacionamentos são as coisas pequenas, diárias.

Essas não são maneiras inéditas, mas são formas necessárias que quem realmente ama faz e demonstra seu amor. Atente se aqueles a quem você cobra palavras e atos não as tem feito, e verifique se você tem estado em dia com sua parte.

1. Sorrisos

Meu pai sempre dizia que o que ele mais amava em minha mãe era seu sorriso, e ele sempre estava encontrando formas de fazê-la sorrir, mesmo em meio à desgraça.

Você já reparou que quando alguém gosta de você e sente-se suficiente íntimo de você, a pessoa brinca, faz piadas para levantar seu humor, está sempre buscando uma forma de fazer você sorrir?

Um homem carinhoso que sabe apreciar sua mulher e fazê-la sorrir sempre é raro e deve ser incentivado. Uma mulher que retira sorrisos de seu marido com um olhar carinhoso também faz a diferença.

Quando vemos outras pessoas sorrindo também nos sentimos melhores. Rir faz as pessoas felizes e se procurarmos sempre sorrir para e com as pessoas que amamos, nossos laços se fortalecerão.

2. Chances

Já reparou que as pessoas que realmente lhe amam estão sempre lhe dando oportunidades? Podem ser oportunidades de ser ouvido, de um abraço, de fazer alguma coisa que você precise, de responder uma ligação, de ligar para você numa data importante. Sempre damos mais uma chance, mais uma oportunidade a aqueles que realmente nos importamos.

Oportunidades podem ser pequenas ou grandes, não importa. Dê a oportunidade a alguém de ver o seu lado vulnerável, de saber de uma passagem importante de sua vida, de confidenciar algum segredo ou sentimento e compartilhar momentos. Esta é uma das melhores provas de amor que podemos dar a quem amamos.

3. Tempo

Reservar um tempo para um filho ou um amigo é demonstrar que você se importa com o outro, que faz de sua amizade ou cuidado prioridade em sua vida. Quando damos um tempo a quem amamos, seja um marido ou esposa, estamos querendo dizer que aquela pessoa é importante em nossa vida.

Com tantas distrações que temos hoje em dia, doar alguns minutos por dia apenas para olhar nos olhos da outra pessoa, sem que nada interfira, faz uma grande diferença, não somente na vida daquela pessoa, mas na sua também. Experimente.

4. Validação

Tanta coisa negativa no mundo hoje em dia, tanta correria, tanta mídia que nos tira do passo que podemos seguir em nossa vida e nos bombardeia com a visão negativa de nós mesmos.

Nós podemos espalhar otimismo e reconhecer o lado bom das pessoas ao nosso redor. Podemos ajudar a levantar a autoestima de alguém que nem sequer pensamos que aquele pode ser um dia onde ela está quase desistindo da vida. Podemos relembrar uma pessoa que amamos o porquê queremos ficar ao seu lado.

Diga a alguém hoje que aquela pessoa é importante, que é amada. O sentimento de se sentir útil e importante pode mudar uma vida.

5. Serviço

Palavras podem mudar vidas, mas exemplos definem caminhos. Muitas vezes alguém que amamos precisa de um ombro amigo que apenas possa ouvir-lhe, enquanto outras pessoas estão completamente perdidas e sobrecarregadas com tantos afazeres.

Uma mão amiga ou um ato de serviço pode mudar a vida de uma pessoa. Olhar as crianças para uma mãe exausta cuidar um pouco de si mesma é um ato de carinho e preocupação legítima. Lavar a louça suja na pia tirará um sorriso de quem normalmente o faz. Organizar um armário ou um quarto faz uma mãe orgulhosa. Carregar sacolas pesadas para uma senhora subir as escadas traz luz para o seu próprio dia.

Servir é um ato diferente de amor, é um aprendizado gentil de que a vida acontece e podemos participar da vida uns dos outros além do mundo virtual.

Aplique esses atos de amor em seu dia a dia com as pessoas que você conhece, principalmente sua família. Não haveria guerras, nem brigas nem desentendimentos de qualquer tamanho se as pessoas presenteassem umas às outras e a si mesmas com mais gentileza.

CRIANDO SERES HUMANOS FELIZES

O equilíbrio de um lar na formação de seres humanos completos

Em praticamente todas as famílias hoje em dia vemos pessoas que cresceram em lares habitados somente pela mãe, e somente em algumas dessas famílias o pai se fez presente na vida dos filhos.

Não há dúvidas que o lar perfeito seria um pai e uma mãe casados com uma relação equilibrada e saudável para a criação dos filhos. Pais e mães podem criar filhos em outras circunstâncias não ideais como esta, mas os riscos também são maiores. Há certos benefícios que somente um lar com um pai e uma mãe possui.

O gênero é importante para o equilíbrio

Muitos aderem à fala da sociedade que o gênero dos pais não importa, mas a realidade é diferente. Deus criou dois gêneros e deu poder a ambos de terem filhos juntos por um motivo.

Deus não é sexista. Ele está ciente de todos os seus filhos e ama a todos indiscriminadamente.

Um plano de felicidade para todos os seus filhos

O plano de Deus para seus filhos inclui o casamento e a formação da família para que os filhos cresçam em um lar onde pai e mãe trabalhem conjuntamente para o bem-estar de seus descendentes, e possam ter oportunidades de crescimento focando no futuro da humanidade. Casamentos e famílias de sucesso são formadas e mantidas em princípios como fé, oração, arrependimento, perdão, respeito, amor, compaixão, trabalho e lazer. Isso inclui a todos, solteiros, com diferentes pontos de vista, religiões, ideais de vida, orientação sexual e responsabilidades.

A ruptura da família e o desequilíbrio mental, psicológico e emocional das crianças

Segundo a Revista Pepsic, num estudo feito intitulado Família e Aprendizagem Escolar, "O desequilíbrio familiar pode se dar por vários motivos com implicações na vida das pessoas. Assim, deve-se lembrar da importância da estrutura emocional dos adultos no sistema familiar ao enfrentar abalos. Existe um importante período inicial durante o qual o casal sem filhos passa por um processo intenso, mútuo, de adaptação emocional e, se esse processo não ocorrer, o casal pode não apresentar maturidade para lidar com eventuais dificuldades, o que pode gerar a ruptura da família. Isso resulta na formação de novas famílias e, cada vez mais, crianças estão vivendo nessas novas famílias, devido ao rompimento da sua família anterior. Ocorre que esses novos lares não estão prontos para terem filhos, porém já iniciam com eles, frutos de relações anteriores desfeitas." (35)

Responsabilidade na formação de seres humanos completos

Toda criança tem o direito de nascer em um lar onde receba amor, carinho e cuidado. Suas necessidades básicas precisam ser preenchidas. Ela não deve ser vista como simplesmente um "acidente".

Precisamos a cada dia mais de famílias conscientes, casamentos reais onde o objetivo não seja apenas ficar junto, mas organizar uma família equilibrada para a vinda de outros filhos de Deus.

Isso requer coragem. Coragem de dizer sim ou não quando necessário para o que a mídia e a sociedade colocam como normal, mesmo coisas que desvalorizam, debocham ou destroem a família.

Para ler mais sobre os perigos atuais e sobre coragem moral, leia o artigo Covardia moral: Livrando-se das filosofias dos homens.

CRIANDO MULHERES VALOROSAS E COMPLETAS

Há alguns anos, finalizei mais um livro de Lisa Bloom (36) onde ela conta uma experiência que eu mesma já tive algumas vezes. Ela conta que foi jantar na casa de amigos e eles tinham uma filha de 5 anos de idade de nome Maya. Quando Maya apareceu na cozinha onde estavam com sua camisolinha cor-de-rosa e com seus cabelos encacheados e grandes olhos castanhos, o primeiro ímpeto de Lisa foi dizer algo como "Maya, você está linda! Dê uma voltinha, que linda camisola, seus cabelos, está uma graça!"

Lisa apresenta algumas estatísticas bastante críticas em seu livro: 15 a 18% de meninas de 8 a 11 anos de idade já usam rímel, base, sombras, delineadores e batom diariamente. Na mesma faixa etária, há um aumento descontrolado de transtornos alimentares enquanto a autoestima está sumindo. Dada a escolha entre duas carreiras, a maioria das garotas prefere tornar-se modelo profissional do que ganhar um prêmio Nobel. Mesmo uma grande porcentagem de mulheres graduadas ou pós-graduadas disseram que preferiam ser a loira de corpo perfeito, e assim os consultórios de cirurgias plásticas estão lotados de mulheres.

Ensinar meninas que sua aparência é a primeira coisa que é noticiada lhes diz que isso é mais importante que qualquer outra coisa. Hoje em dia, há meninas de 5 anos fazendo dieta, usando maquiagem aos 8, roupas sensuais aos 13, colocando silicone nos seios aos 17 e Botox aos 23. Enquanto isso, a depressão em mulheres cresceu mais de 1300% nos últimos 10 anos mundo afora. (37)

Por esses e outros motivos, Lisa diz que conversa com meninas pequenas da seguinte forma, e foi como ela conversou com Maya.

"Maya, muito prazer em conhecê-la." – disse Lisa.

"Prazer em conhecê-la também." – respondeu Maya como havia aprendido a dizer.

"O que você está lendo? Eu amo livros, e você?" – perguntou Lisa.

"Sim! E eu posso ler por mim mesma agora!" – seus olhos brilharam.

"Incrível! Qual é seu livro favorito?" – perguntou Lisa.

"Só um minuto que vou buscar, posso ler para você?" – e Maya correu buscar um livro que estava lendo há poucos minutos antes.

Lisa conta que Maya veio toda animada, sentou-se ao seu lado e leu o livro inteiro para ela. E elas conversaram sobre o conteúdo do livro que era sobre bullying, como um grupo de garotas na escola costumavam tratar uma outra menina que era diferente. E a conversa seguiu sobre escola, sonhos, profissões, estudos, etc. Em momento algum elas conversaram sobre aparência, sobre roupas, sobre como seus cabelos ou corpos eram ou não bonitos.

Vocês já repararam como é difícil não conversar sobre beleza, roupas e aparência com meninas? Como mãe de menino, mas tendo cuidado de minhas irmãs mais novas por anos, a diferença é monstruosa. Se vamos comprar roupas de menina, temos uma infinidade de escolhas e modelos que combinam entre si, cheios de enfeites para o cabelo e tudo mais. Para meninos, temos os shorts, as camisetas e... praticamente só. Como mulheres, temos um guarda-roupa imenso e mal encontramos algo quando queremos, enquanto os homens colocam uma calça, camisa ou terno, e pronto, só variam a cor das gravatas e olha lá.

Nossa cultura envia todas as mensagens erradas possíveis a nós mulheres, desde bem cedo. Mesmo como mães, acabamos repetindo os erros da indústria que abusa da aparência feminina com nossas próprias filhas.

Lisa conta que a conversa que ela teve com Maya não mudará isso nem mudará a sequência de aprendizado que Maya terá em casa, na escola, fazendo parte da sociedade rodeada pela indústria multibilionária da beleza. Não, não mudará. Mas, ela conseguiu mudar a perspectiva de Maya pelo menos naquela noite. Uma semente plantada. Um mundo de possibilidades diferentes.

Tente fazer isso na próxima vez que tiver a oportunidade de conversar com uma menina pequena, adolescente, de qualquer idade. Mesmo uma mulher adulta. Pergunte-lhe o que ela gosta de ler, o que ela mais gosta de fazer ou não e por quê. Com meninas mais velhas, converse sobre eventos mundiais, como poluição, guerras, carreiras, o que a incomoda no mundo, como ela mudaria aquilo, suas ideias e sonhos.

Não há respostas certas ou erradas. Apenas desvencilhe a conversação da aparência e beleza. Não que saúde, boa forma e todos os níveis de cuidado pessoal não sejam importantes, mas com certeza não são tudo o que uma mulher deva se preocupar. E exemplifique a ela como uma mulher inteligente conversa e age.

Eu tenho feito isso por alguns anos. E, por experiência própria posso dizer: não podemos mudar o mundo, mas podemos mudar uma garota de cada vez.

O PODER DE VIVER E ENSINAR A AUTOSSUFICIÊNCIA AOS FILHOS

Quando nossos filhos são pequenos, alguns passos para conquistarem a independência giram em torno de escolherem as próprias roupas, manterem o quarto organizado, serem capazes de lavarem um prato aqui, limpar um par de sapatos ali. Conforme crescem e os anos passam, mais pequenas tarefas delegamos para que aprendam a cuidar de si mesmos e atinjam um certo nível de independência que nos deixe seguros de que estão bem.

Quando se tornam adolescentes, os estudos complicam mais, a prática de esportes se não é, deveria ser algo importante e presente na vida de todo adolescente, e a preocupação se estão cuidando bem de si mesmos é ainda maior. Começa também a preocupação com o futuro à medida que eles se preparam para escolher uma profissão, estudam, formam-se no Ensino Médio, conseguem um trabalho, e vão para a faculdade.

A maioria de nós teve bons pais que nos sustentaram, e foi nossa obrigação já procurar trabalho ainda enquanto no Ensino Médio, ou assim que nos formamos. Para aqueles que escolheram cursos técnicos, muitos tiveram vantagens, uma vez que os estágios ajudavam na preparação da força de trabalho para conseguir um emprego na área de formação, e assim, progredimos na busca, buscando concursos e formas de podermos pagar nossos estudos, casar, sustentar família, comprar casa, carro e tudo mais que precisamos para ter uma vida decente.

É nosso dever como pais e mães prepararmos nossos filhos para a vida adulta. Precisamos ensiná-los o valor do trabalho, o valor monetário e quanto custa ter uma vida confortável. O entendimento de que o que temos como família hoje é o resultado de décadas de trabalho, e a gratidão e a economia e cuidado para preservar nossos bens é necessária e imprescindível, principalmente num país onde a economia é instável e pode mudar a qualquer momento.

Alguns passos que nos ajudarão como pais a ensinarmos nossos filhos adolescentes a serem autossuficientes.

1. **Serviços domésticos.** Coisas que podemos ensiná-los desde pequenos conforme vão crescendo, mas estes incluem também aprender a lavar as próprias roupas, limpar os próprios sapatos, quarto, objetos, enfim, aprender a cuidar das coisas materiais que se possui e cooperar para a vida em família.

2. **Cozinhar.** Meninas normalmente ajudam suas mães, mas os meninos também precisam aprender a cozinhar o básico, para não viverem de macarrão instantâneo, ou comida congelada, ou mesmo fast food. Além de ensinar a cozinhar alimentos saudáveis, é necessário aprender a escolher alimentos que são bons, optando por fibras, vegetais, grãos e carnes brancas.

3. **Comprar alimento.** Isso inclui ir ao supermercado e saber escolher os melhores alimentos frescos, carnes, e comprar o que se precisa, ao invés de sucumbir para as promoções de alimentos cheios de conservante, que podem parecer mais fáceis de preparar, mas não trazem os nutrientes necessários a longo prazo.

4. **Buscar trabalho**. Isso vai desde aprender a ter iniciativa e ser proativo, a colocar-se em disposição de trabalho sendo humilde, sem

escolher muito, pelo fato da necessidade de sustento. Harry H. Harrison Jr. (38), autor de vários livros com temas familiares, educação de filhos e outros, apresenta uma pesquisa de que a maioria dos adolescentes que saem de casa para terem sua própria vida, 50% voltam num período de 6 anos por não saberem administrá-la. Aprender como buscar um trabalho, preparando-se para o mesmo e conquistando independência financeira é a primeira sugestão dada pelo autor.

5. **Viver dentro do orçamento.** A segunda sugestão dada por Harry H. Harrison Jr tem a ver com a administração do próprio salário conseguido através do próprio trabalho, ou seja, a saber viver dentro do orçamento. Conhecimento básico de contabilidade que pais e mães possuem quando preparando o orçamento familiar é imprescindível ensinar aos filhos. Eles talvez encontrem melhores formas de controlar, com vários websites existentes e com o conhecimento de informática que adquirem através dos anos.

6. **Buscar melhores oportunidades.** Eles precisam aprender a pensar onde os empregos com melhores salários se encontram e não ficarem enfurnados em um que não lhes darão chance de subir na carreira. Isso inclui também aprender a negociar, uma habilidade que começaram a usar desde quando tinham 6 anos de idade.

7. **Cumprir horários.** A rotina adulta depende de saber acordar na hora certa e chegar na hora certa nos compromissos, sejam eles profissionais ou pessoais. Aprender a acordar sem que a mãe o chame várias vezes pode parecer algo sem importância, mas as pessoas de sucesso são pontuais ao extremo.

8. **Aprender pequenos consertos.** Desde a consertar pequenas coisas que se quebram em casa, como desligar e ligar gás, água, e limpar em volta da casa, podar árvores e plantas, consertar chuveiros, e outras pequenas coisas para saberem viver sozinhos, e cuidar de

uma família um dia.

9. **Linguagem e tratamento às pessoas.** Ensiná-los que num mundo adulto os assuntos e interesses não são como os adolescentes apresentam é condição básica para que conquistem seu espaço.

10. **Responsabilidade e autodisciplina.** A vida adulta não tem a mesma rotina dos anos da adolescência. Video games, festas, sair com os amigos terão que ficar para as horas vagas que serão escassas.

11. **Ambição saudável.** Eles precisam aprender a ter visão do futuro, concluir uma universidade é difícil mas está apenas aquecendo-os par a vida. Devem continuar estudando, conseguir um MBA por exemplo, atualizarem-se sempre na área profissional, se quiserem um dia obter o conforto e sentirem-se realizados.

12. **Respeitar mais velhos e eleger mentores.** Quando os filhos crescem é quando reconhecerão os conselhos dos pais. Encontrar pessoas de sucesso pessoal e profissional que possam agir como mentores, e aprender com seus exemplos também é válido para aprender a como direcionar os próprios interesses.

13. **Positividade e otimismo.** Isso é algo que ensinamos pelo exemplo aos nossos filhos desde cedo, a não agirem como vítimas, pois vítimas nunca são felizes. Atitude é tudo em se tratando de conseguir os melhores trabalhos e promoções, melhores relacionamentos, e a felicidade em si. Esta característica juntamente com a autodisciplina formam a chave para resolver os problemas da vida.

14. **Aprender a orar e desenvolver o lado espiritual.** Ser grato pelas coisas que possui, e não esperar até que a situação esteja sem saída para começarem a orar. Uma vida equilibrada consiste em ter todas as áreas em desenvolvimento, e a espiritualidade é uma delas.

Ser humilde e servir o próximo é parte para crescer em sabedoria de vida.

15. **Cair, mas sempre se levantar.** A vida adulta é esta: que os problemas do dia a dia não influam na capacidade de saber levantar-se de todos eles, rapidamente, e seguindo em frente. Agir com independência, além de se mudar da casa dos pais, inclui saber que coisas boas acontecerão se fizerem boas escolhas, mas problemas também surgirão, e isso acontece a todos que vivem a vida, e não somente a observam imóveis. Estar preparado para quando aparecerem, não lamentando e seguindo em frente, é uma das características básicas da vida adulta.

Quando saímos de viagem, normalmente temos a nossa bagagem com tudo o que precisamos conosco, e um mapa para nos orientar no caminho. Assim é, ou deveria ser, como nossos filhos devem estar preparados para a vida adulta. Muitos de nós aprendemos por nós mesmos, mas, se quisermos ser melhores pais e mentores de futuros adultos realizados, podemos começar desde cedo enquanto eles ainda estão em casa conosco. Nunca é tarde para ensinarmos aos filhos que a vida é bela, e depende da nossa atitude conseguir fazê-la ainda melhor.

LIDANDO COM O ESTRESSE NA VIDA FAMILIAR

Quando o estresse é causado por aqueles com quem convivemos é algo difícil de escapar, sejam crianças, parentes visitando ou mesmo problemas familiares.

O estresse dos pais.

Crianças possuem muita energia, e quando são pequenas, geralmente a mãe tem que mudar sua rotina diária e seus hábitos de dormir, comer.

Não importa se você cuida das crianças em casa ou depois de voltar do trabalho à tarde, se é casado ou solteiro, se tem uma criança ou seis, os desafios são grandes. Precisa-se de muita calma, paciência e nem sempre conseguimos esse equilíbrio.

Dicas de como podemos reduzir o estresse:

• Lembre-se que ser pai e mãe não é fácil, mas o estresse pode ser superado com o tempo e com a atitude correta. Lembre-se que você não está sozinho, seus pais, avós já passaram por isso.

• Ajuste suas prioridades, incluindo as regras da casa, delegando tarefas e responsabilidades.

• Se você está fazendo seu melhor, não sinta-se culpado.

• Aceite ajuda.

• Procure conselhos específicos de pessoas que confia.

• Guarde os documentos importantes num local fora do alcance das crianças, assim como todos os objetos, produtos de limpeza. Organize uma casa à prova de acidentes.

• Cuide de si mesmo, use técnicas de controle do estresse.

• Preste atenção nos sintomas, se está lhe afetando física ou mentalmente, é hora de procurar ajuda especializada.

• Antecipe problemas e imprevistos.

• Faça listas e use o calendário. Não precisa lembrar de tudo.

• Planeje com antecedência, use um alarme, faça quando pode, não espere amanhã.

• Saia mais cedo para um horário marcado.

• Mantenha a comunicação aberta com seus filhos e os ajude no entendimento do bom convívio.

Balanceando trabalho e família.

• Lembre-se de deixar as preocupações do trabalho no trabalho, ou do lado de fora da porta de entrada.

• Foque individualmente em cada criança, no cônjuge, e pergunte como passaram o dia. E ouça com atenção!

• Estabeleça uma rotina saudável de cuidados com bons hábitos alimentares, horário de dormir e equilíbrio.

• Cuide de você e faça atividades que o desacelere e retirem um pouco da pressão.

• Peça ajuda.

Mãe ou Pai Solteiros.

• Desenvolva recursos para suporte, pessoas que podem lhe ajudar em imprevistos e outras necessidades.

• Controle suas finanças com detalhes.

• Sempre aproveite os pequenos momentos disponíveis com seus filhos para reassegurá-los de seu valor em sua vida.

• Entenda seus sentimentos, seja gentil consigo mesmo, alimente sua confiança.

Parentes.

Algumas pessoas sentem-se culpadas quando não conseguem visitar ou passar mais tempo com parentes, sejam diretos como pai e mãe, avós ou outros, o que não faz de você uma má pessoa, mas uma pessoa honesta.

Para evitar estresse quando estiver *visitando parentes*:

• Mantenha expectativas realistas.

• Antecipe criticismo e perguntas.

• Converse com seus filhos para se comportarem.

• Se ficar nervoso, vá caminhar ou tire um tempo, conte até 10 e leia um livro.

Para evitar estresse quando *seus parentes o visitam*:

• Planeje com antecedência onde eles dormirão, com o que você os alimentará e como poderá balancear as finanças.

• Peça ajuda a eles com cozinha e limpeza.

• Estoque a geladeira com comida de rápido e fácil preparo.

• Não sirva álcool.

• Quando forem passear, não ache que tem que pagar todas as despesas sozinho.

• Não sinta-se na obrigação de preencher o tempo com atividades a cada minuto.

Independentemente de sua situação, tenha certeza de manter a calma, e lembrar do amor um pelo outro, que a família são os amigos que estarão sempre presentes e o aceitam como você é, e esses laços serão os mais importantes de sua vida, e de sua família.

Preparando a família para uma situação de emergência

Cada vez mais se fala em preparação de emergência. Levar essa necessidade a sério traz segurança aos membros da família e preparação para diversas situações, como:

• Desemprego.

• Doença.

• Morte.

• Desastres naturais.

• Imprevistos.

• Situações de risco.

Estar preparado quando a vida traz surpresas inesperadas, ou mesmo acidentes naturais que acontecem, sem contar com os imprevistos desagradáveis, é ordem para que a família consiga manter o seu bem-estar apesar dos revezes da vida.

Algumas dicas para preparar a família para uma situação de

emergência.

1. Ter em casa um kit de primeiros socorros. Exemplo de itens a ser estocados:

- Tesoura de ponta curva.

- Pinça.

- Termômetro.

- Gaze esterilizada.

- Curativos adesivados.

- Esparadrapo.

- Compressas.

- Ataduras.

- Bandagem.

- Solução iodada.

- Água oxigenada.

- Soro fisiológico.

- Bolsa de água quente e fria.

- Hastes flexíveis de algodão.

- Luvas de látex.

- Repelente de insetos.

- Lenços umedecidos.

- Papel toalha.

• Lenço de papel.

Prestar atenção nos prazos de validade de medicamentos.

2. Organizar os documentos de forma a tê-los num local fácil e seguro, de maneira que possa pegá-los rapidamente.

3. Planejar um meio com a família de se comunicar em caso de emergências.

4. Estudar saídas de emergência da casa e da empresa.

5. Treinar os pequenos como se proteger em caso de incêndio, inundação, acidentes, etc.

6. Abrir uma conta poupança para casos como desemprego, doenças, imprevistos. Começar poupando R$ 50,00 por mês e ir aumentando conforme a disponibilidade.

7. Fazer armazenamento de alimentos, tendo um mínimo de 3 meses de alimentos que façam parte da dieta normal da família. Prestar atenção nos prazos de validade dos alimentos.

8. Manter cobertores e casacos em fácil local em caso de acidente natural.

9. Manter medicamentos e suprimentos segundo a necessidade da família como:

• Analgésicos.

• Pomada cicatrizante.

• Anti-inflamatório de uso oral.

• Antiespasmódicos.

- Colírio.

- Medicamento para enjoo.

- Pomada contra queimaduras.

- Agulhas esterilizadas.

- Sabão de coco.

- Loção com filtro solar.

- Loção pós solar.

- Creme contra picada de insetos.

- Creme para reações alérgicas.

- Creme para dor e pancadas.

10. Manter uma lista de telefones de emergência à mão, incluindo médicos da família, do pediatra, do resgate (SAMU), Corpo de Bombeiros, hospital, centro de intoxicações, etc.

11. Planejar um ponto de encontro perto da casa ou do lado de fora em caso de a casa estar em risco de fogo, explosão ou desabamento.

12. Treinar os membros da família onde as chaves e ferramentas estão.

13. Treinar os membros da família a desligar a água, o gás, energia e outros recursos.

14. Ensinar as crianças a fazer ligações para polícia, ambulância, parentes, em caso de extrema necessidade.

15. Manter uma mochila com uma muda de roupas e artigos pessoais em caso de precisar sair apressadamente da casa.

16. Ensinar a família a não reagir em caso de assalto ou sequestro.

17. Preparar um plano de emergência também para os animais de estimação, em caso de precisar retirá-los apressadamente da casa.

18. Quando a situação financeira permitir, adquirir uma churrasqueira portátil simples para funcionamento a carvão, e um fogão de duas bocas a gás para emergências.

19. Incentivar a família e todos os membros a terem noções de como fazer massagem cardíaca e respiração boca a boca.

20. Comprar um plano funeral para que a família não seja pega desprevenida caso aconteça.

Preparar-se e ensinar os filhos a estarem preparados é estar pronto para o que der e vier. Conversar sobre o futuro e ser positivo quanto à realidade quando os imprevistos acontecem, ajuda a não reagir de forma inapropriada na frente dos filhos, bem como estar pronto para ajudar a família, vizinhos e comunidade em caso de necessidade.

SUAS ESCOLHAS, SEU CAMINHO

"Escolhei hoje a quem sirvais; porém eu e a minha casa serviremos ao Senhor". (Josué 24:15)

Esse foi o convite de Josué, um profeta do Velho Testamento, ao seu povo. Essa era a escolha dele, demonstrando total conversão à fé que professava.

Escolhas x arbítrio

O maior presente que o Senhor nos deu é o arbítrio, a capacidade de escolhermos por nós mesmos o que queremos para nossa vida.

Também sabemos que, cada vez que fazemos uma escolha, precisamos ser responsáveis pelas consequências que ela traz. Por isso, precisamos pensar bem antes de tomar decisões, principalmente se certas decisões envolvem outras pessoas sob nossa responsabilidade, como por exemplo, nossa família.

Ou seja, quando somos convertidos e fizemos nossa escolha favorável a Jesus Cristo, as escolhas seguintes serão de acordo com esse caminho que escolhemos para nós. Não precisaremos, por exemplo, ao passar pelo caixa do supermercado e pagar pela nossa compra, ao verificar que a moça do caixa devolveu troco a mais, decidir se ficaremos com a diferença ou devolveremos a ela. Se formos convertidos, ficaremos somente com o que nos é de direito e devolveremos o que está a mais a ela, pois assumimos o compromisso de cumprir os mandamentos e sermos honestos.

Passos para fazer sempre boas escolhas:

1. **Compromisso.** Assumir um compromisso para as qualidades que precisamos como honestidade, fidelidade, paciência, saber ouvir, e todo e qualquer princípio que nos fará melhores pessoas.

2. **Decisão.** Decidir antes da oportunidade aparecer para testar se sua escolha funciona ou não. Por exemplo, você já se decidiu em ser honesto, aconteça o que acontecer, antes de ir ao supermercado. Não deixou para decidir se iria ficar com o troco a mais ou não na hora que tinha o dinheiro na mão.

3. **Buscar autossuficiência.** Quando tudo está bem ao nosso redor é mais fácil sermos pacientes, honestos, calmos. Mas quando outras pessoas nos magoam, nos traem, sentimentos de "Se ela não cumpre suas promessas, por que devo cumprir as minhas?" poderão surgir. O que fazer então? Você já decidiu antes que iria manter seu caráter intacto, então agora é hora de colocar em prática, mesmo que os outros, ou a outra parte, não o faça. Não se alinhe ao mesmo nível de alguém que não decidiu. O mesmo vale para autossuficiência temporal. Quando se depende ou se deve para alguém, sentimo-nos escravos. Uma vez independentes, somos donos de nossas próprias escolhas.

4. **Autocontrole.** O autocontrole é essencial quando precisamos decidir algo ou fazer uma escolha. Precisamos controlar nossa calma, nossos pensamentos destrutivos ou pessimistas, ou mesmo aprender a colocar a razão acima da emoção muitas vezes para podermos decidir corretamente.

5. **Visão.** Pense na consequência de sua escolha. Como ela lhe será

importante em 5 ou 10 anos? Quais pessoas estão envolvidas e sofrerão as consequências de sua escolha?

Bonnie Oscarson, professora de literatura inglesa e americana, disse: "Meus jovens amigos, vivemos em tempos perigosos, e as decisões que vocês são conclamados a tomar diariamente, até mesmo a cada hora, têm consequências eternas. As decisões que vocês tomam em sua vida diária determinam o que acontecerá com vocês mais tarde."

O mundo está repleto de confusão. Nós podemos praticar e exercer nosso poder de escolha para o bem, e assim protegermos nossa família, e também sermos luz para que aqueles que amamos não se percam, que podem ser nossos próprios filhos.

Maneiras de desenvolver a paciência

Uma das principais soluções em nossa vida para termos melhores relações e mais sucesso consiste em desenvolver a paciência.

Todos precisamos desenvolver, e como qualquer outra habilidade, é necessário lembrar que paciência se aprende praticando. E isso inclui:

1. Prestar atenção em quais situações não temos paciência.

2. Ser gentil consigo mesmo por não ser perfeito nesse quesito.

3. Mudar o julgamento automático, sentimentos e pensamentos críticos em relação a si mesmo e aos outros.

Paciência também está ligada intrinsecamente ao controle da ansiedade. Algumas pessoas desenvolvem literalmente sentimentos físicos quando não conseguem aplicar a paciência.

Algumas maneiras de desenvolver a paciência:

1. Entender os próprios sentimentos de raiva, irritação e desapontamento.

Isso tem a ver com nosso sentimento de defesa, quase que um lado de sobrevivência que pode se tornar vicioso. É o chamado "sangue quente" que muitas pessoas teimam que pode até ser genético.

O primeiro passo é reconhecer esses sentimentos que são o contrário da paciência, e verificar reações a eles, mesmo como dor no estômago, batimentos cardíacos elevados, críticas automáticas.

2. Melhorar nossa atitude perante o desconforto e a dor.

Nem tudo o que não é confortável, é intolerável. Vencer o vício da impaciência é como vencer qualquer outro vício, ou seja, todos podemos lidar com as coisas que não saem como queremos vez ou outra. O desconfortável nos empurra a encontrar soluções. As soluções que encontramos quando não temos paciência geralmente giram em torno de tentar encontrar um culpado, dar uma desculpa. Mas o problema é não há nada nem ninguém culpado por estarmos sentindo dor, irritação ou mágoa, a não ser que tenhamos escolhido sentir tudo isso. É nossa mente que causa o desconforto.

Ao lidar com a irritação tentando adquirir mais paciência, a ideia é reduzir a dor e sofrimento, e aumentar nossa habilidade de saber lidar com o problema de forma que não o aumente, ou seja, depende de nós.

3. Prestar atenção quando a irritação e a dor começarem.

Na ânsia de querer resolver um problema, muitas vezes ignoramos o fato de que estamos machucados. Preste mais atenção ao que acontece dentro de você, como seu corpo e sua mente responde a um determinado problema ou situação que lhe traz desconforto.

Eu sei que se eu for impaciente ou crítica com alguém por causa de um ocorrido, eu me sentirei ainda pior do que o sentimento da frustração já me trouxe, ou seja, foque no que realmente acontece dentro de você, o sentimento de não aceitar, a resistência ao entendimento, que resulta na falta de paciência.

4. Conversar consigo mesmo.

O principal é parar o comportamento defensivo e agressivo, aceitar sua vulnerabilidade, sem colocar mais lenha na fogueira. Respire fundo, conte até 10, saia para caminhar, vá tomar um copo d'água.

Nesse interim, pergunte-se se realmente vale a pena ter tamanha reação negativa a um determinado problema. Tente ter a visão do futuro e tente pensar friamente se aquilo realmente é tão importante que valha a pena destruir uma relação, ou um dia, ou mesmo um só minuto de sua vida, e de outros, por falta de um pouco mais de autocontrole.

5. Decidir definitivamente.

Seja paciente consigo mesmo. Assuma que algo é desconfortável, mas seja tolerante com suas inadequações e de outras pessoas. Ninguém é perfeito, e esta é a beleza da vida, as nossas diferenças.

Pratique a paciência até consegui-la. Você se sentirá melhor, terá melhores relações amorosas, de amizade, profissionais, e uma vida mais saudável.

O CAMINHO PARA A LIBERDADE

O perdão é o verdadeiro caminho até a liberdade, e sem ele, o mundo se torna um lugar muito difícil de vivermos.

A vida nem sempre é justa, muitas pessoas podem ser cruéis, a dor pode se tornar muitas vezes insuportável, e injustiças são muito comuns.

Precisamos escolher o caminho do perdão se quisermos ter uma vida de paz, harmonia e felicidade com o nosso próximo, e, na maioria das vezes, nosso próximo está em nossa própria família.

A coragem, o poder, o amor e a moderação, são atributos que precisamos desenvolver.

A falta de perdão causa tragédias mundiais.

O ato de perdoar não é uma das tarefas mais fáceis para nós, seres humanos. Tribos, sociedades, países, famílias e amigos já travaram e ainda travam batalhas, e verdadeiras guerras, por causa das diferenças entre as pessoas, ou devido a algum ato que tenha lhe desagradado ou prejudicado, por vingança ou ainda pela sede de poder, e assim espalham pelo mundo ainda mais rancor e nem um pouco de paz.

O perdão traz bem-estar físico e mental.

O perdão não é impossível, nem mesmo nos casos mais graves.

1.   O perdão reduz a agitação que leva a problemas físicos.

2.   Perdoar reduz o estresse que vem de pensar em algo doloroso, mas que não pode ser mudado.

3.   Ele também limita a ruminação que leva ao sentimento de impotência que reduz a capacidade de alguém cuidar de si mesmo.

O restabelecimento pessoal através da prática.

A diminuição da ira e da mágoa vem de se vivenciar o perdão. O perdão é a experiência interior de se recuperar a paz e o bem-estar. Pode acontecer de alguém perdoar um dia, e a raiva voltar depois, e isso é normal. Dessa forma, o perdão é um processo que deve ser praticado. Para perdoar, você pode começar por entender e praticar estes passos:

1.   Seu ódio não atinge seu adversário, mas sua própria alma.

2.   A melhor resposta aos seus inimigos é ter uma vida cheia de sucesso e realização.

3.   A segunda melhor resposta é devolver com um ato bom, quebrando a corrente.

4.   Veja o lado positivo que veio da ofensa.

5.   Pense nas pessoas que já lhe fizeram algo de bom.

6.   Olhe para a grande figura como um todo.

7.   Seja caridoso consigo mesmo.

8.   Tente equilibrar confiança e sabedoria.

9.   Pare de contar o ocorrido às outras pessoas.

10.   Ore por seus inimigos ou quem lhe magoou.

11.   Tente se colocar no lugar dele e imagine como ele vê o que fez.

12.   Mantenha a perspectiva, pessoas podem ofender outras, mas é seu dever perdoá-las.

Restituição.

Às vezes, a pessoa foi realmente prejudicada. O perdão não elimina esse fato; apenas o torna menos importante. O perdão implica que se pode ficar em paz mesmo tendo sofrido um mal causado por outro. Não conseguimos escapar de todos os males, que geralmente fazem as pessoa continuarem estressadas porque os problemas ainda persistem.

O perdão reconhece o mal, mas permite que o prejudicado leve a vida em frente. O perdão pode conviver com a justiça e não impede que se faça as coisas justas ou adequadas. Você apenas não as faz de uma perspectiva rancorosa ou transtornada.

Afinal de contas, nós também pecamos. Quando amamos nosso próximo, somos pacientes e tolerantes. Separamos as pessoas de seus atos.

RESTAURANDO A FÉ EM DEUS E A ESPERANÇA NO FUTURO

A autora de best-sellings e palestrante motivacional [Nicole Johnson](http://freshbrewedlife.sonacart.com/content/about-nicole) faz uma analogia emocionante neste vídeo em relação ao fato de nós mulheres sermos na maior parte do tempo invisíveis.

Quantas vezes como mulheres nos pegamos na mesma situação? Quantas vezes achamos que nosso trabalho é em vão e que ninguém vê o que fazemos ou sequer dá valor ao nosso esforço? Quantas mães, tias, avós, mulheres das mais variadas situações sócio-culturais passam a vida sem serem notadas? Quem é que não sente saudade daquela avó, mãe, amiga, professora querida que trazia segurança e fazia nossos dias melhores? Ah, como queríamos ter demonstrado mais o nosso amor e como faríamos diferente as coisas! Ah, mas quando elas se vão, como sentimos sua falta! Ah, como sentimos saudades e queríamos que elas estivessem aqui!

Quando colocamos nossas expectativas nas pessoas, tendemos a nos magoar e ofender com facilidade, afinal, ninguém é perfeito e não têm a obrigação de nos fazerem felizes o tempo todo. A [autoestima](http://familia.com.br/30-ideias-para-aumentar-sua-autoestima-instantaneamente) e a convicção de que somos importantes, mesmo que ninguém note a nossa presença, nasce dentro de nós somente quando reconhecemos que somos valiosas e importantes para a vida de nossa família e daqueles que amamos, e sabemos, do fundo de nossos corações, que há um Ser Supremo que tudo vê, tudo registra, tudo controla, tudo sabe. Ele nunca nos decepciona.

Sim, nós não somos ou jamais seremos invisíveis para Ele. Cada abraço para consolar uma criança, cada refeição à mesa que preparamos para nossa família, cada oração que proferimos por quem amamos está registrada em nosso livro da vida individual, nossa memória. E, um dia, este livro será aberto em nosso encontro face a face com Aquele que nos sustem, e veremos que nada do que fizemos passou despercebido ao nosso Pai. Absolutamente nada.

Eu sempre me lembro de uma palestra que tive o privilégio de assistir com o Psiquiatra Viktor Frankl há alguns anos atrás.

Em seu livro (39) onde ele conta sua história de sobrevivência durante e após ter sido prisioneiro num campo nazista na II Guerra Mundial, ele disse algo que guardei comigo, mesmo após ter sofrido tortura física, emocional e psicológica, após terem assassinado sua família, após ter perdido tudo o que lhe era mais valioso:

"Tudo pode ser tirado de um homem ou uma mulher, menos uma coisa: a última das liberdades humanas - a de escolher uma atitude em qualquer circunstância, a de escolher o próprio modo de ser."

Talvez você precise, assim como eu, assistir a este vídeo muitas vezes, para tomar coragem definitivamente de mudar, de melhorar, de vencer todas as dificuldades que necessita neste ano, neste dia, a cada minuto. Nós precisamos dessa força.

A força que vem de dentro, do Alto, e pode mudar nossas vidas para melhor. Definitivamente.

Você já reparou que, independente se acreditamos ou não nas tantas previsões de ano novo que pipocam na mídia, nossa vida geralmente não muda? Mesmo que tenhamos nossas próprias resoluções, desejos que queremos ver realizados em nossa vida, metas que queremos alcançar, que normalmente giram em torno das finanças, amor, trabalho, saúde, casamento, filhos, desejos, sonhos e necessidades que temos, falta alguma coisa para que elas realmente aconteçam. A expectativa é sempre de progresso e melhora nas diversas áreas de nossa vida, mas o que precisamos fazer para que tudo realmente mude?

Quando contamos com a ajuda divina e fazemos a nossa parte, certas "previsões" tornam-se lógicas e sabemos que é apenas questão de tempo em consegui-las. Alguns exemplos de questões condicionais que podem se tornar realidade.

1. Dinheiro e profissão. Sabemos que dinheiro não compra felicidade, mas, no mundo em que vivemos, além da necessidade de pagarmos as contas básicas, ele proporciona um certo conforto para nós e para aqueles que amamos. Todos precisamos de mais dinheiro. Todos queremos um emprego melhor onde tenhamos mais benefícios. Então, como conseguir mais no ano que se inicia?

Previsão: Se você não nasceu em berço de ouro ou recebeu uma herança, conseguirá através do trabalho. E você conseguirá melhorar nessa área **quando** aprender a buscar excelência em habilidades como pontualidade, foco e profissionalismo; estudar e se especializar na área que gosta e é talentoso pode talvez não deixar você milionário, mas satisfeito e realizado. Você não conseguirá mais dinheiro se permanecer apenas reclamando e encontrando desculpas ou culpados porque não quer sair de sua zona de conforto.

2. Política. Cansado da corrupção do país? Seu sonho é viver num país mais evoluído onde as pessoas não tiram vantagem das outras?

Previsão: A situação começará a melhorar **quando** você começar a ser mais honesto. Independente da situação, decida que você não vai trapacear, sonegar, tirar proveito, explorar ninguém, plagiar, mentir, roubar. E que você será um exemplo para sua família. Quando chegar as eleições, vote no candidato mais honesto ao invés dos que dão vários benefícios para ganhar voto ou tem uma história de corrupção, mas não se esqueça de fazer sua parte. Nossos filhos serão os líderes de amanhã.

3. Saúde. Ano que vem quero ser mais saudável! Quero emagrecer e me cuidar!

Previsão: Você com certeza conseguirá chegar ao seu peso ideal **quando**conseguir focar em sua meta, trabalhar duro diariamente e ser persistente, apesar de todos os outros problemas da vida. Você pode tentar toda e qualquer dieta que aparecer em sua frente, mas enquanto não descobrir seu motivo, os quilos continuarão voltando. Você quer emagrecer, fortalecer os músculos, melhorar a pele e a aparência em geral, sentir-se mais jovem para quê? Para ser mais saudável, ver os filhos ou netos crescerem, aproveitar mais a vida ou o faz para os outros ou por que a sociedade faz uma pressão danada e discrimina quem está fora do peso "aceitável" segundo as agências para modelos? Estipule seus limites, reeduque sua alimentação, reserve tempo para exercício e desenvolva autocontrole.

4. Amor. Quer conhecer aquele alguém especial, viver um grande amor, ou ter uma segunda lua de mel com o cônjuge? Ou quer consertar o que vai mal em seu casamento, superar o divórcio e recomeçar sua vida melhor que antes?

Previsão: Não importa em que quilômetro dessa longa estrada você está, se sozinho ou acompanhado. Sua vida amorosa melhorará **quando** você cuidar de você, do seu espírito e do seu coração. Você ama a pessoa que é e você é sua melhor companhia? Enquanto você não se amar e conhecer seus próprios gostos, limites, saber o que gosta e trabalhar duro para ser uma pessoa completa, que perdoa e deixa as pequenas coisas em prol de ser feliz, que sorri para a vida e tenta ser melhor a cada dia, qualquer pessoa que apareça em sua vida não poderá fazer por você o que você deve fazer por você mesmo. Lembre-se que: Seu casamento ou mesmo esse tempo sozinho só vai melhorar quando você descobrir que você é uma pessoa completa.

5. Família. Quer unir mais sua família, aumentar a felicidade com o cônjuge, acabar com as desavenças, ser um exemplo para os descendentes ou cuidar dos pais e avós?

Previsão: Isso acontecerá **quando** você aprender o valor de estabelecer prioridades e fazer sacrifícios. Desligue a TV e dedique seu tempo a brincar com os filhos. Saia do computador – e faça as crianças saírem do videogame, fazendo projetos manuais e servindo as pessoas. Trate seu cônjuge com a mesma paciência que trata estranhos e amigos. Visite os mais velhos, ajude-os em pequenas tarefas. Aprenda a se comunicar melhor. Comece sua genealogia. Pesquise suas raízes. Passe um tempo com seus pais escrevendo sua biografia. Envolva-os em reuniões de família. Quando tudo isso acontecer, você verá milagres e um amor sem igual entre os entes queridos.

6. Largar um vício. Seja ele qual for - drogas, álcool, cigarro, comida, falar palavrão, mania de gastar, pornografia, gritar, fofoca etc.

Previsão: Você mudará de vida e se livrará de um vício **quando** assumir que não consegue fazê-lo sozinho, procurar ajuda, ser fiel a si mesmo ao estabelecer e cumprir metas. Se cair, não precisa desanimar e descambar de vez, é necessário aprender a sacudir a poeira e voltar ao plano, perdoando-se e seguindo em frente. A cada dia vencido você ganhará forças para o dia seguinte. Como alguns conseguem e outros não? Todos temos problemas na vida, não só os viciados em algo. Precisa de motivação? Motivação é igual banho, precisamos tomar um todos os dias para estarmos limpos.

7. Fé. Aproximar-se de Deus, encontrar a paz, ser mais otimista, mais amigo, um melhor marido, esposa, pai, mãe, filho, filha é uma meta que todos deveriam colocar na lista.

Previsão: Para conseguir todas as outras coisas e esta inclusive, você só entenderá a necessidade de fortalecer sua fé **quando** aprender a ser mais humilde, reconhecer que não precisa fazer tudo sozinho e buscar ajuda divina. Se você parou de ir à igreja, volte. Se tem que pedir perdão ou perdoar alguém de alguma ofensa, procure a pessoa e converse com o coração aberto. Aprenda a ouvir. Ajoelhe-se e ore. Se não conseguir orar, permaneça ajoelhado até conseguir. O Senhor está lá sempre, nós é que nos afastamos. Tudo melhorará em sua vida quando você aprender a tê-Lo como guia e protetor.

Seja um ano novo ou uma grande segunda-feira que, quando chega, as pessoas nem sempre estão animadas para trabalhar e acabam deixando pra lá suas metas para a terça, quarta... e quando chega a sexta viram que não conseguiram fazer tudo antes do final de semana. Afinal, roupa branca, pé direito, três pulinhos, semente de romã na carteira, uvas... para que se não mudarmos nosso próprio caráter, corrigirmos nossos hábitos e deixarmos de lado as coisas velhas e trabalharmos duro para conquistarmos coisas novas?

Luiz de Camões já dizia que "jamais haverá ano novo se continuar a copiar os erros dos anos velhos".

Quando assumirmos com humildade, e até certa flexibilidade e versatilidade que depende de nós escrevermos nossa própria história nesta folha em branco que é um novo ano, descobriremos que podemos ter um novo dia a cada dia do ano novo.

REDESCOBRINDO O AMOR DE DEUS EM MOMENTOS DE SOLIDÃO OU ALEGRIA

Se você já teve momentos de profunda solidão em sua vida, onde mesmo estando com alguém ao seu lado, ou cercado de pessoas, sentiu-se sozinho e sem apoio, este artigo é para você. Não importa em que fase da vida você se encontra, se você já esteve ao lado de pessoas que ama para ajudá-las nos momentos que mais precisaram, mas por ser forte e sempre se reerguer depois da queda, muitos pensam que você não precisa de um ombro amigo, você deverá entender o que digo nestas linhas.

Há momentos na vida que esquecemos de nós mesmos em serviço aos outros, ou devido às pedras do caminho. A vida é assim, feita de altos e baixos, e vez ou outra nos alienamos e pegamos carona na correria do dia a dia. Se passamos por uma fase mais de baixos que de altos, o desânimo pode nos abater, o cansaço e o estresse roubam a energia de nossos sorrisos, e mesmo a depressão aguardará por uma brecha para fazer morada em nossa alma.

Não importa o motivo. Se você errou ou foi magoado, se você falhou ou desistiu de algo, se seus planos foram por água abaixo, se você perdeu alguém que pensava ser eterno, se um problema de saúde na família corrói o entendimento, ou qualquer outro motivo. Caso você chegue ao ponto de pensar que não tem um ombro para recostar a cabeça, pense novamente. O Salvador do mundo não tinha, mas você tem.

Algumas chaves para descobrir o amor do Senhor e senti-lo:

1. **Ore.** A oração é a ponte que liga seu espírito ao divino. Ele sabe do que você precisa em sua vida, mas você precisa descobrir o que você mesmo precisa e estar consciente, usar sua capacidade humilde de buscar ao Senhor e reconhecer que não pode fazer tudo sozinho. Nem precisa. Essa parte de seu crescimento é importante para sua felicidade, e Ele sempre estará lá para lhe ouvir e lhe ajudar se você pedir.

2. **Ouça.** O Senhor responderá sua oração, no tempo Dele. Seja através de alguém que lhe trará algum tipo de solução que você necessite, através de uma escritura sagrada lida com o coração aberto, ou mesmo através de alguém que você precisa ajudar e tem um problema muito pior que o seu. Preste atenção nas bênçãos que Ele coloca em seu caminho. Mesmo que tudo pareça ruim, você ainda tem ar para respirar, água para sua sobrevivência, pássaros, flores, o vento e o céu para sonhar. Não desanime. Mesmo se a resposta não vier imediatamente, ela virá de qualquer forma.

3. **Aproxime-se das pessoas que lhe amam.** Sua família estará sempre lá, independente das escolhas que fizer. Independente se você pense que eles não lhe conhecem muito bem. Deixe-se conhecer. Ouça-os e fortaleça essas relações. Não fomos feitos para estarmos sozinhos, por isso o Senhor nos colocou em famílias.

4. **Peça ajuda.** Muitas vezes quando somos muito fortes e estamos sempre ajudando os outros, achamos que não precisamos de ajuda. Tendemos a diminuir a importância de nossos próprios problemas e não dar muita importância a como nos sentimos em relação a eles. Talvez nem pensemos que somos orgulhosos, mas teimar em achar que nunca precisaremos de ninguém pode nos custar um alto preço.

5.   **Aceite ajuda.** Sim, da mesma forma que você ajuda as pessoas, você pode receber ajuda. Seja de pessoas que você gosta e confia ou mesmo de outras que nem conhece. O importante é aprender a receber com a mesma alegria e gratidão que dá aos outros. Há muitas pessoas querendo uma oportunidade para se sentirem úteis, amigas e parte de sua vida, dê-lhes uma chance. Abrace as pessoas, aceite ajuda com o coração grato.

Se vocês conseguirem abrir a porta da comunicação com o Pai e o próximo a partir dessas cinco chaves acima, vocês deixarão de sentir solidão e descobrirão que a eternidade é feita de famílias e pessoas que cuidam umas das outras, e também daquelas que sabem receber o tanto quanto conseguem dar. O Senhor lhe ama e colocará em sua vida o que for necessário para que você sinta Seu amor.

O serviço é a cura para os males da alma

Minha avó sempre dizia que, em meio a qualquer tragédia, repare que sempre há alguém ajudando. É o exemplo daquela pessoa que devemos seguir. Ainda existem pessoas boas, apesar de toda tragédia que presenciamos.

O líder religioso Dalai Lama (40) cita um ditado tibetano que diz: *"A tragédia deveria ser utilizada como um recurso para fortalecer os povos."*

Se repararmos em algumas das tragédias que acontecem no mundo, vemos que isso realmente acontece.

Alguns exemplos de tragédias que chocaram o mundo:

- O incêndio do Edifício Joelma em São Paulo que matou quase 200 pessoas e milhares de voluntários que trabalharam por dias cuidando dos sobreviventes.

- O ataque terrorista ao World Trade Center em Nova Iorque em 11 de setembro de 2001 que matou mais de

3000 pessoas e movimentou milhões de outras que cuidaram para que as famílias das vítimas tivessem suporte.

- Quedas e acidentes dos voos da Gol 1907 e da TAM 3054 que juntos mataram quase 400 pessoas entre 2006 e 2007 e famílias que receberam milhares de cartas de preocupação e conforto.

- O furacão Katrina que varreu cidades do mapa e matou quase 2000 pessoas e movimentou países inteiros na busca e reconstrução de lares para os sobreviventes.

- O terremoto no Japão em 2011 que provocou tsunamis e matou mais de 13 mil pessoas e outras 16 mil desapareceram, trazendo para aquele país equipes de resgate, bem como milhares de outras pessoas que ajudaram na limpeza e reconstrução.

E muitas outras. São acidentes, doenças, violência, drogas, fatalidades que levam pessoas que amamos, destroem famílias inteiras ou mesmo nos puxam em ajuda, com compaixão e amor, das vítimas inocentes. Na maioria desses lugares, até os afetados sobreviventes se desdobraram para ajudar os outros, reconstruíram suas vidas e seguiram em frente. Pense em sua própria vida. Nos momentos que você mais precisou, foi quando você realmente descobriu quem se importava, e muitas vezes a ajuda necessária veio de pessoas que você não esperava, não é mesmo?

PRODUZINDO LUZ SUFICIENTE PARA ILUMINAR A VIDA DE OUTRAS PESSOAS

Algumas coisas que já vi acontecer no dia a dia ou mesmo fui a pessoa que as fez ou mesmo recebeu a boa ação descrita abaixo, e que você também pode fazer, que podem ajudar a construirmos a humanidade que queremos para nossos filhos:

1.   Dar o local para uma senhora de idade ou grávida se sentar no ônibus.

2.   Ajudar uma velhinha a atravessar a rua ou a carregar pacotes pesados.

3.   Ajudar a pessoa que sofreu um acidente, ou caiu, ou se machucou, sempre atentando para a sua segurança que será essencial para poder ajudar a pessoa.

4.   Dizer a alguém que você ama como essa pessoa é importante em sua vida.

5.   Quando vir alguém se sentindo deslocado do grupo, ajudar a pessoa, seja com uma explicação, sorriso, até que ela se sinta mais à vontade e familiar com a situação.

6.   Escrever uma carta ao professor de anos atrás dizendo como ele foi importante em sua formação.

7.   Enviar uma carta anônima a alguém que tem depressão ou é solitário, ajudando a pessoa com palavras que a motivem.

8.   Levar um pedaço de bolo a uma vizinha que é viúva.

9.   Dar um presente a uma família que precisa muito, como um jantar de Natal, por exemplo.

10.   Fazer uma festa ou mesmo um jantar a um casal, podem ser parentes ou não, que foi importante em dar-lhe um bom exemplo de amor e família.

11.   Limpar os armários e separar as roupas que não usa mais para doar a um orfanato, asilo, família que precisa.

12.   Orar. Para agradecer em primeiro lugar. Pelos amigos e inimigos, pelos familiares e conhecidos, e por você mesmo.

13.   Abrir o coração para amar de novo depois de sofrer uma decepção ou traição.

14.   Ser paciente no trânsito com um outro motorista impaciente. Nunca sabemos seus motivos.

15.   Vestir-se de palhaço ou simplesmente ir ler histórias para as crianças num hospital.

16.   Pagar o pão e o leite de alguém na fila do supermercado quando ele estiver tentando encontrar as moedinhas para cobrir a despesa no caixa.

17.   Visitar os doentes e ouvi-los, apenas para que seus dias sejam melhores.

18.   Dizer sempre uma palavra de encorajamento a alguém que precisa, mesmo que não o conheça.

19.   Tratar deficientes físicos e mentais normalmente e focar em suas qualidades.

20.   Sorrir. Um sorriso sempre ilumina o dia de qualquer pessoa.

21.   Adotar um animal e cuidar dele com amor e carinho.

22.   Ser tolerante com os diferentes, seja fé, raça, cor, condição social, orientação.

23.   Compartilhar o guarda-chuva com alguém que está se molhando porque não tem um.

24.   Voluntariar em albergues e centros de violência doméstica.

25.   Abraçar uma criança com medo.

26.   Trabalhar com vontade, seu trabalho pode ajudar alguém que precisa muito.

27.   Defender um amigo que está sofrendo bullying na escola.

28.   Enviar um cartão de obrigado a alguém que lhe fez uma gentileza.

29.   Servir água a um trabalhador embaixo do sol escaldante.

30.   Ajudar uma família que lida com doença de um filho ou cônjuge, ou mesmo a morte de um ente querido com o que se pode.

E tantas outras coisas, em sua grande maioria pequenas que podemos fazer todos os dias para ajudar alguém.

Gandhi disse, "Você não deve perder a fé na humanidade. A humanidade é como um oceano; se alguns pingos da água do oceano estão sujos, o oceano inteiro não se torna sujo". (41)

Há ainda muita coisa que precisa ser feita no mundo. As crianças de rua, os famintos da África, a seca no Nordeste, as drogas que engolem nossos jovens e famílias, e tantos outros locais que, se não podemos ajudar, pelo menos que cuidemos dos que estão mais próximos da forma que gostaríamos ser cuidados.

Nós somos os instrumentos do Senhor em levar a Seus filhos tudo o que precisamos. Podemos orar para que Ele nos ajude a fazer a nossa parte, mas nós precisamos fazer algo ao invés de apenas observar. Como mostrado no vídeo, a diferença foi feita por aqueles que foram proativos, não por aqueles que ficaram somente observando.

SERVINDO O PRÓXIMO ATRAVÉS DO INCENTIVO E MOTIVAÇÃO

Em algum momento de nossas vidas, deparamos com pessoas que são um exemplo para nós. Pessoas que nos inspiram a ser melhores, que nos motivam a viver com um propósito em nossas vidas.

À medida que vivemos também sentimos a necessidade de sermos essa fonte de inspiração a outros, como nossos filhos, familiares e amigos. Mas, como inspirar os outros? Aprenda 10 formas e atitudes para inspirar as pessoas a serem o melhor que puderem.

1.   **Lidere por exemplo.** Ações falam bem mais alto que palavras. Comece por você mesmo. Inspiração vem de dentro de você e é impossível fingi-la.

2.   **Valorize o que realmente importa.** Reconheça o valor de cada pessoa não pelo que elas têm, mas pelo que são. Seja cuidadoso, preocupe-se, ame, demonstre esse cuidado e amor pelo próximo.

3.   **Liste suas qualidades.** Pessoas que inspiram as outras são otimistas, corajosas, cuidadosas. Pergunte às pessoas como você as inspira. Comece com aquela centelha dentro de você mesmo.

4.   **Faça o que você ama.** O sucesso vem de fazermos algo em que acreditamos.

5.   **Encoraje os outros a buscarem excelência.** Todos passamos por experiências difíceis, mas somos fortes para vencer todos os obstáculos do caminho.

6.   **Seja verdadeiro a sua própria história.** Compartilhe humildemente suas histórias de fracassos ou sucessos, como venceu um obstáculo, o que aprendeu com a lição de vida.

7.   **Defenda o que você acredita.** Encontre a verdade de suas crenças e princípios por você mesmo, e motive as pessoas a defenderem suas próprias causas. Comunique-se com clareza, olhe nos olhos, cative a atenção das pessoas.

8.   **Sirva com o coração aberto.** Ajude as pessoas a cicatrizarem suas feridas. Faça-as rirem. Não as julgue pelos seus erros. A caridade com que tratamos os outros volta a nós na mesma ou em maior intensidade.

9.   **Seja calmo e paciente.** O que você realmente é virá à tona nos piores momentos de sua jornada. Tenha certeza de autocontrolar-se, ser paciente e generoso consigo mesmo, aceitando o que você não pode mudar. Sua positividade inspirará a todos a sua volta.

10.   **Seja fiel.** Amor e comprometimento inspiram as pessoas. Saiba ouvir e comunicar-se com aqueles de seu convívio diário. A fundação de seus projetos de vida começa com dedicação à sua própria família. Lembre-se da frase de David O. McKay (42), "Nenhum sucesso na vida compensa o fracasso no lar". Se sua casa estiver em ordem, você terá sucesso em ajudar os outros a serem melhores e buscarem a felicidade.

O compositor Ludwig van Beethoven disse, conforme a citação no início do vídeo acima:

"Não somente pratique sua arte, mas force seu caminho em meio aos seus egredos, pois isto e conhecimento podem elevar os homens ao divino." (43)

Trabalhe para cumprir sua missão de vida, não para competir ou aparecer. Ouça a sua voz interior, não as opiniões confusas mundo afora. Inspire-se para inspirar os outros.

Quantos heróis anônimos mantêm o mundo um lugar bom para se viver? Eles não pedem nada, não vendem nada, não exigem nada. São pessoas assim que contribuem para um mundo melhor.

Quantas oportunidades temos todos os dias para ajudar alguém? Seja um sorriso, atravessar a rua, colocar pacotes pesados no carro no estacionamento do supermercado, dar o lugar a alguém para sentar-se no ônibus. Não importa se a pessoa reconhecerá ou não a sua ajuda, mas se o fizermos a cada oportunidade que temos, demonstramos que não somos moldados pelo mundo, e a felicidade mora dentro de nós.

E você? Já fez sua parte hoje para um mundo melhor? Toda hora é hora.

Ajudar as pessoas a acreditarem em si mesmas

Encorajar os outros é uma arte! Ajudar as pessoas a acreditarem em si mesmas e mudarem suas vidas para melhor requer prática e muito otimismo. Se passamos por traumas ou decepções em nossa vida, nós precisamos desse estímulo; e quando não o encontramos, demoramos muito para recobrar nosso progresso. Se temos alguém que acredita em nós e nos ajuda a levantar e superar nossos fracassos pessoais, com certeza isso faz uma grande diferença, e também vamos querer passar a bondade adiante.

Dieter F. Uchtdorf, um piloto e defensor da família, contou a seguinte história:

"Há pouco tempo, eu estava esquiando com meu neto de 12 anos. Estávamos nos divertindo quando cheguei a um ponto cheio de gelo e acabei levando um tombo glorioso numa encosta íngreme.

Tentei todos os truques que sabia para me levantar, mas não consegui — eu havia caído e não conseguia me levantar.

Eu me sentia bem fisicamente, mas meu ego estava um tanto ferido. Então me assegurei de que meu capacete e meus óculos de proteção estivessem bem ajustados porque eu preferia que os outros esquiadores não me reconhecessem. Podia imaginar-me sentado na neve enquanto eles esquiavam com elegância, acenando e gritando alegremente: 'Olá, irmão Uchtdorf!'

Comecei a me perguntar o que seria necessário para me resgatar. Foi aí que meu neto chegou ao lugar onde eu estava. Eu lhe disse o que havia acontecido, mas ele não me pareceu muito interessado em minhas explicações do motivo pelo qual eu não conseguia me levantar. Ele me fitou nos olhos, estendeu o braço, pegou minha mão e disse num tom firme: 'Vovô, você consegue fazer isso agora!'

Instantaneamente, eu me levantei.

Ainda não entendo o que aconteceu. O que parecia impossível apenas um momento antes imediatamente se tornou realidade, porque um menino de 12 anos me estendeu a mão e disse: 'Você consegue fazer isso agora!' Para mim, aquela foi uma infusão de confiança, entusiasmo e força." (44)

Essa história ilustra muito bem o princípio que tratamos neste artigo. Não importa o problema. Pode ser um casamento fracassado, um negócio próprio falido, a morte de quem amamos, um problema de saúde grave que não temos controle ou mesmo uma decepção ou traição. Também não importa de quem a ajuda venha. Muitas vezes um pequeno incentivo nos ajudará a transformar nossas vidas de tal forma a nos livrarmos de grandes precipícios e nos libertarmos de nossa dor, caso contrário, poderemos viver por anos em nossa dor.

Como levantar-se e voltar ao seu progresso normal na vida? Algumas dicas:

1. Acredite em você mesmo.

2. Quando você pensar que tudo está perdido, diga a si mesmo que você está enganado.

3. Sempre há esperança, mesmo que seus olhos mortais não consigam enxergá-la num determinado momento.

4. Acredite: Tudo poderia ser muito pior!

5. Entenda que o orgulho só prejudica a você mesmo.

6. Negar um problema cria outro problema.

7. Acredite em sua capacidade e força. Você é muito mais forte do que pensa!

8. Não desanime e cultive o bom humor.

9. Aproveite o bom humor para relevar coisas sem importância e perdoar rapidamente.

10. Não importa o tombo, mas sim o ato de levantar-se e seguir em frente.

Como ajudar outra pessoa a acreditar em si mesma e mudar sua vida para melhor? Algumas dicas:

1. Acredite primeiramente em si mesmo e internalize as dicas acima.

2. Foque nas qualidades da pessoa a sua frente e nas coisas boas que já fez na vida.

3. Relembre momentos que ela mesma estava ao lado de pessoas que precisaram, e elas acreditaram nela.

4. Se não houver nenhum exemplo palpável, relembre-a de que o Pai Celestial a ama incondicionalmente. Ore com ela, isso pode fazer toda a diferença.

5. Peça-a que pense em sua família, nos grandes exemplos de coragem que teve, e também em como aqueles que ama acreditam na sua capacidade. Mesmo as crianças.

6. Faça-a perceber que pode se despojar do orgulho, desculpar-se, limpar sua alma do veneno do amor-próprio ferido e começar de novo.

7. Ajude-a a olhar para o próprio coração e perceber que pode arrepender-se e voltar, e que terá seu apoio e o de muitas outras pessoas.

8. Explique que ela pode ter uma visão maior do que o problema significa em sua vida, tendo esperança no futuro, de forma a aprender com o problema, não ficar lamentando..

9. Ajude-a a fortalecer sua fé e o entendimento de que a vida tem altos e baixos, e só não teremos problemas se não vivermos, pois viver é correr riscos.

Enfim, ajudar alguém a ter esperança é dizer ao outro como o neto de Dieter disse a ele: "Você pode fazer isso, agora!". Sempre ajudamos a nós mesmos a acreditar quando ajudamos alguém a enxergar que podem! Nós realmente podemos, e o Senhor quer que todos nós tenhamos o melhor amando a Ele e amando nosso próximo como a nós mesmos. Considere essas dicas como uma ajuda para cumprir esse mandamento e viver em paz. Agora, corra passar a bondade adiante!

ABRAÇANDO A IDADE E A SABEDORIA DOS ANOS

Saúde física e perda de peso

A grande maioria de nós já tentou perder peso alguma vez, ou várias vezes. Sejamos homens, mulheres, crianças, manter o peso correto e perder os quilos a mais é atitude básica para termos uma vida mais saudável, ativa e completa.

Muitos de nós possuímos alguns problemas de saúde que torna a perda de peso mais difícil. Outros de nós tendemos a julgar pessoas que estão acima do peso, achando que são preguiçosas, comilonas e desinteressadas a melhorar, mas somente cada um sabe exatamente as dificuldades que tem, seja emocional, física ou qualquer outra instância.

Talvez alguns precisem de tratamentos médicos mais detalhados, outros necessitam resolver problemas de ordem psicológica ou emocional, pois afinal de contas, a perda de peso não resolve todos os problemas, apenas os que dependem dela para melhorar.

Algumas coisas básicas que precisamos fazer em ordem de atingirmos um nível satisfatório fisicamente e aprendermos a ser felizes com o nosso corpo:

• Parar definitivamente de nos compararmos com outros.

• Apreciar os próprios pontos fortes e as qualidades que são muitas.

• Não deixar que ninguém nos defina pelo número que aparece na balança na hora de se pesar.

Somos muito mais do que nosso peso!

O personal trainer Bob Harper, do Programa Biggest Loser americano, lista 20 regras simples em seu livro (45), ou hábitos, que precisamos desenvolver para que possamos emagrecer. São dicas valiosas que, se transformarmos em hábitos, aprenderemos a "pensar" de forma mais magra, e começaremos a perder peso como consequência do nosso estilo de vida. São elas:

1. Beba um copo grande de água antes de cada refeição.

2. Não beba suas calorias. Aprenda a beber água.

3. Coma proteínas em cada refeição (carnes brancas, feijões, soja e outros vegetais).

4. Corte o máximo que puder a ingestão de farinhas brancas refinadas.

5. Coma de 20 a 50 gramas de fibra por dia.

6. Coma maçãs e morangos todos os dias.

7. Não ingerir carboidratos depois do almoço.

8. Aprenda a ler os rótulos dos alimentos para aprender o que está comendo.

9. Calcule o tamanho das porções de comida corretamente.

10. Diga não ao uso de açúcares e adoçantes, mesmo os artificiais.

11. Não a carboidratos brancos, como batatas, arroz branco e outros.

12. Tenha um dia na semana ao menos sem carne nas refeições.

13. Desista definitivamente de frituras e *fast food*.

14. Sempre coma frutas e proteínas no desjejum.

15. Cozinhe sua própria comida e faça a meta de ter pelo menos 10 refeições em casa toda semana.

16. Coloque de lado definitivamente comidas com alto teor de sódio.

17. Coma todos os seus vegetais, todos os dias, em forma de legumes, saladas, frutas.

18. Nunca vá para a cama de estômago cheio.

19. Durma corretamente.

20. Planeje ter uma refeição por semana onde coma o que quiser.

Nutrição é tão importante como o exercício. Todos os grãos são bons para o ser humano, desde que escolhamos aqueles que possuem melhor valor nutricional.

Acima de tudo, precisamos assumir que não há dietas mágicas onde perderemos peso rapidamente sem que os ganhemos de volta, e que o fundamental é que precisamos mudar o estilo de vida e reeducar a alimentação. Esse é o primeiro passo para a mudança.

A alegria de viver não tem idade

Estudos indicam que a maioria das pessoas durante a vida, independente de raça, cor, credo, situação econômica ou qualquer outra, passam por problemas de todas as magnitudes em todas as idades. Sejam problemas de saúde, financeiros, familiares, amorosos, todos nós estaremos frente a frente com algo que dependerá mais de nossa atitude para ser resolvido do que de fatores externos.

No mundo capitalista em que vivemos, dizer que dinheiro não compra felicidade pode parecer ingênuo, mas embora o dinheiro possa trazer conforto, lazer e oportunidades que muitos não teriam se não fosse pelo dinheiro, vemos também muitas pessoas que o possuem, mas não são felizes.

Então, como desenvolver uma atitude que nos ajude a enfrentar as tempestades da vida e aprender a ser felizes mesmo quando no meio de um problema. Desenvolva essas 13 qualidades:

1. **Gratidão**. Pessoas gratas conseguem sair de seu mundo limitado e reconhecer a beleza que ainda existe na vida apesar dos problemas.

2. **Autoestima**. Leia outros capitulos aqui do livro que trazem inumeras ideias para aumentar a autoestima e aproveite cada uma delas.

3. **Equilíbrio**. Buscar um equilíbrio em todas as áreas de nossa vida nos traz a vontade de viver melhor.

4. **Otimismo**. Somente o fato de não fazer drama perante os problemas da vida já ajuda seu dia a ser muito melhor, afinal, todos temos momentos bons e ruins na vida.

5. **Integridade**. Ainda é melhor ser honesto e verdadeiro, ser feliz reconhecendo as bênçãos que temos todos os dias.

6. **Coragem**. É preciso coragem para enfrentar a vida quando as coisas não vão bem, de cabeça erguida e honestamente.

7. **Bons pensamentos**. Quando temos bons pensamentos, eles refletem em nossa face. A beleza interna ainda é mais importante que a externa.

8. **Proatividade**. Quando pensamos e sabemos que merecemos ser felizes, caminhamos na direção de alcançar nossos sonhos.

9. **Ame-se**. Se o Pai Celestial lhe ama com todos os seus defeitos, e acredita em seu potencial para ser feliz, você não precisa de ninguém mais para alcançar essa dádiva.

10. **Caridade**. A caridade é um dom que nos é dado se pedirmos em oração. Quando servimos, experimentamos a felicidade de uma forma muito maior do que se a segurássemos apenas para nós. Não precisamos ser perfeitos ou felizes para ajudar nosso próximo, mas precisamos servir para nos aperfeiçoarmos e encontraremos felicidade desta forma.

11. **Progresso**. Todos nós temos algo que nos faz felizes, seja um momento, algo que gostamos de fazer, uma pessoa, um lugar. Encontre o que lhe faz mais feliz.

12. **Sorria**. Não importa onde a vida lhe levar, sorria sempre. Como uma criança. Sorrir contagia e diminui a ansiedade.

13. **Aprenda**. A necessidade de aprender nunca termina. Aprender coisas que lhe interessam, aprender com pessoas que dão um bom exemplo, aprender a melhorar suas atitudes todos os dias, enfim, aprender por si só faz expandir a alma e encontrar formas de viver melhor que eram por nós desconhecidas.

A alegria de viver não tem idade. Sorrir energiza o sangue até as extremidades do corpo e assim otimiza as funções cardiovasculares do seu corpo, além de produzir endorfinas e outras funções bioquímicas que melhoram a dor, levam mais oxigênio e nutrientes aos órgãos internos. Sorrir e ser positivamente feliz também melhora o sistema imunológico e ajuda seu corpo a lutar contra as doenças, bactérias, infecções e até mesmo câncer.

"Ser feliz é a melhor cura para todos os males." Patch Adams (46)

Talvez a vontade de ter 21 anos de idade nem exista, mas se pudéssemos nos sentir como se tivéssemos 21 novamente, com a sabedoria dos 40 ou 70 seria ótimo, não? A energia, o metabolismo, a pele jovem, enfim, há algumas coisas que podemos fazer, ou pelo menos começar, a partir de uma decisão pessoal e colaborar para restaurar ou manter a juventude da nossa alma dentro de nós. Afinal, como dizia Franz Kafka, "Os jovens são felizes por causa da capacidade de ver a beleza em todas as coisas. Quem mantém essa capacidade nunca envelhece." (47)

Aqui estão 18 dicas de coisas que você pode começar JÁ para sentir-se ainda melhor:

1. **Durma mais cedo.** Dormir mais cedo e acordar mais cedo, completando de 7 a 8 horas de sono, no mínimo, por noite. Durante o sono seu corpo e cérebro são restaurados.

2. **Preocupe-se menos.** Menos estresse ajuda a dormir e a viver melhor. Não há problema se a louça da pia ficar para a manhã seguinte. Não queira controlar tudo. Isso, além de lhe envelhecer mais rápido, lhe deixará ranzinza.

3. **Viva um dia de cada vez.** Se você está passando por uma situação difícil, respire fundo, tenha calma e viva cada hora ao seu

tempo, sem desespero. O mundo conspirará a seu favor.

4. **Vitamina C e antioxidantes.** Procure por alimentos que contenham vitamina C e antioxidantes, como morangos, melancia, feijão preto, tomates. Se 90% de sua alimentação for saudável, seu corpo aumentará a capacidade de se regenerar mais rapidamente.

5. **Perca algum peso.** Da maneira correta, com dieta balanceada e exercícios, cada quilo perdido você ganha autoestima, disposição e capacidade de seguir em frente. Se acha que 1 quilo é pouco, coloque um pote de 1 quilo de margarina em sua frente. Viu como faz bem perder 1 quilo?

6. **Faça musculação.** Exercícios são vitais, mas exercícios que aumentem a força ajudam você a ter um pique invejável e endurecer aquelas partes mais flácidas do corpo, principalmente direcionadas às pernas e braços que lhe ajudam a caminhar sem cansar, e a correr sem esmorecer.

7. **Coma menos carne vermelha.** Não precisa parar de comer, mas injete mais carnes brancas como peixes, frutos do mar e peru na sua dieta. E mais cereais, como aveia. Adicione mais vegetais. Somente esse passo lhe ajudará a reduzir consideravelmente o risco de obesidade, doenças coronarianas, pressão alta, diabetes e alguns tipos de câncer.

8. **Tire um dia para cuidar da beleza.** Um creme de limpeza no rosto, uma boa depilação bem como cuidar dos cabelos e se sentir linda faz milagres na aparência e consequentemente em como nos sentimos. Isso inclui usar esmaltes claros, pouca ou nenhuma maquiagem, simplesmente ser mais natural com uma loção para seu tipo de pele.

9. **Mantenha contato com os familiares.** Principalmente os mais

jovens. Saia com os filhos e netos para um almoço ou um camping. Prepare seu espírito para curtir as aventuras junto com sua prole.

10. **Use filtro solar.** Isso é mandatório para ter uma pele bem cuidada. Consulte um dermatologista e adquira um filtro próprio para o seu tipo de pele. Você vai estar protegido e perceber alguns milagres com o tempo.

11. **Faça uma caminhada ao ar livre.** Aprecie a natureza, observe o canto dos pássaros, cheire as flores, delicie-se com o azul do céu e deixe os raios de sol aquecerem a sua alma.

12. **Volte no tempo.** Vez ou outra temos aquela impressão que as músicas da nossa época eram melhores. Pois bem, coloque aquelas músicas que você adorava dançar, aumente o volume e dance! As músicas antigas que você gosta têm efeito contrário: o de trazer nossa juventude de volta.

13. **Encontre o lado positivo em tudo.** Faça uma meta: Em tudo o que ver, ou fazer, ou vier até você deixe o pensamento de medo e de negativismo de lado. Encontre pelo menos uma coisa boa em tudo, até nas imperfeições alheias, nos problemas do dia a dia.

14. **Socialize-se.** Seja mesmo através de e-mail, telefone ou um almoço para distrair-se com um amigo. Isso ajuda a diminuir o estresse, a rir um pouco, colocar a conversa em dia, ou seja, ajuda a diminuir o risco de um infarto.

15. **Melhore o humor.** Mesma coisa com o humor. Tente encontrar algo engraçado em tudo. Se a situação pede que você ria para não chorar, sem problemas! Ria, gargalhe. Sorrir exercita os músculos da face e lhe fará sentir mais jovem. Nem que para isso você precise ir ao cinema só ou passar algumas horas no Youtube sorrindo.

16. **Ame.** Se você tem o cônjuge pertinho, prepare uma noite especial e aproveite o momento.

17. **Seja realista.** Tem uma lista imensa de coisas para fazer? Estabeleça um horário, gerencie seu tempo e balanceie seu ritmo. Nada de exageros. Não há excesso que pague a falta de descanso.

18. **Voluntarie.** Existem orfanatos, asilos, alojamentos de animais, igrejas e mesmo familiares que necessitam de ajuda. Saia de sua rotina e leve seu sorriso e talentos para ajudar quem precisa.

Enfim, não se esqueça também de consultar um médico, fazer seus exames preventivos todos os anos, e realmente colocar essas dicas em prática, que podem fazer a diferença em como você se sente física, mental e espiritualmente.

SENDO UM PIONEIRO NUM MUNDO DE SEGUIDORES

O mundo precisa de pioneiros. Pessoas que defendam e vivam bons valores, que sejam exemplos de honestidade e retidão. Que estejam próximas às suas famílias, apesar de todas as opções sedutoras que existem. Que saibam dizer NÃO à podridão que entra em nossos lares através dos meios de comunicação e grupos organizados que recrutam adeptos a todo instante. Que se preocupem e cuidem individualmente dos membros de sua família e não larguem essa responsabilidade somente para a escola ou a sociedade.

Num mundo de seguidores, onde a maioria sequer pensa por si mesma e segue a moda, as novelas, o que uma pessoa famosa diz, faz ou como se veste, um comercial de TV, grupos, gangues, drogas, pornografia, etc., a necessidade de conhecer-se e saber o que se quer da vida, traçar metas, ser fiel aos mandamentos de Deus, e ainda viver em paz é um desafio que muitos desistem ou simplesmente sucumbem a ele, achando que não podem lutar contra e estabelecer sua própria vida.

Existem povos (48) que deixaram suas casas, suas posses e conforto em busca de liberdade de religião, dignidade e uma vida melhor para suas famílias. Mesmo nossas famílias sofreram muito para que pudéssemos ter o que temos hoje.

Mas, como ser um pioneiro e priorizar o que realmente é importante na vida, em prol de sua família? Como evitar as seduções mundo afora sem ser marginalizado? Como criar uma família protegida, consciente, onde cada um defenda os valores que sustentam uma pessoa de bem e assim tenham paz, alegria, harmonia e recebam as bênçãos dos céus?

1. Fazer a História da família. Sim, estudar a história de sua família, aprender e ensinar os filhos como nossos ascendentes viveram e suportaram as dificuldades, traz a honra que borbulha em nosso sangue para mantermos nosso nome e herança, valorizando homens e mulheres exemplares que viveram antes de nós.

2. **Ler as escrituras.** Da mesma forma, conhecer a história de reis, discípulos, profetas e do próprio Jesus Cristo, nos ensina que aqueles que são fiéis a Deus receberão seu galardão.

3. **Avivar a memória**. Conforme o tempo passa, nossas lembranças diminuem e consequentemente nossa apreciação por aqueles que sofreram perante os desafios da vida. Aprender com os erros do passado nossos e de outros nos ajuda a honrarmos suas lutas e não nos deixarmos ser engolidos pelos perigos visíveis ou invisíveis. Buscar o aprendizado sempre ajuda a manter a memória ativa.

4. **Viver acima da moral**. Depois da Segunda Guerra Mundial, os valores morais estão desaparecendo a cada dia. A descência e honestidade são assassinadas em nome da libertinagem, politicagem e anarquia que guiam os povos rumo a desastres, buscando prazeres legalizados e instantâneos enquanto enterram as alegrias da eternidade.

5. **Colocar a Divindade como a cabeça da família.** Pais não estão sozinhos. Quando colocam o Pai Celestial e Seu filho Jesus Cristo à frente de sua condição e Os apresentam aos filhos e vivem sua fé de

maneira humildemente prática dia após dia. Humildade para saber que não conseguimos fazer tudo sozinhos e não precisamos é o que nos traz paz.

6. **Controlar as paixões**. Adquirir, conquistar, comprar uma porção de coisas serve somente para satisfazer uma carência que não é de coisas. O conforto legítimo inclui segurança e necessidades atendidas. O necessário que nos proporciona focar no que realmente importa. Coisas acabam. Memórias não.

7. **Eliminar definitivamente a violência de seu lar**. Seja através dos jogos de video-game, filmes e principalmente palavras, atos e reações uns com os outros. Na história dos gregos e romanos que viviam num mundo bárbaro aprendemos que guerreavam para manter conforto, segurança e liberdade, e no final acabaram perdendo tudo. O vazio e a desolação de sua ruína os fizeram ver que sua ganância havia destruído suas famílias. Você pode impor limites aos filhos para educá-los sem usar qualquer violência.

8. **Decidir ser honesto**. É uma decisão que se faz antes de uma situação onde envolva honestidade surgir. Se você decidir antes, não precisará ficar em cima do muro quando chegar a hora. Poderá ser aberto ao aprendizado, desde que este seja compatível com o seu valor.

9. **Exterminar condições viciantes**. Dá mais trabalho, mas seja do início ou para corrigir um problema, estabeleça o equilíbrio entre trabalho, descanso, tempo com a família, lazer e atividade religiosa. Diga não a largar as crianças em frente a TV ou vídeo game. Diga não à pornografia. Diga não ao tabagismo, alcoolismo e todas as formas de passar o tempo que tirem a liberdade de ser e fazer o que mais importa: amar sua família e fazê-los sentir esse amor.

10. **Ser discreto e corajoso.** Você não precisa gritar suas opções aos

quatro ventos, seja com as pessoas à sua volta ou on-line. Desvencilhe-se da autoafirmação. Preocupe-se mais com o que Deus pensa de você, não os outros. Se necessário, defenda suas posições com firmeza, mas com sutileza, calma, amor. As outras pessoas apenas não enxergaram ainda o que você sabe. Elas também são filhas de um Pai Celestial amoroso, e sabemos que a resposta branda desvia o furor se precisar explicar uma injustiça.

11. **Investir em tempo de qualidade com a família**. Isso requer ação, motivação e perseverança. Muitas vezes estamos cansados, sobrecarregados, decepcionados, e impacientes para ensinar de novo e de novo nossos filhos com brandura e sabedoria, mas a constância é o que traz sucesso. Criar tradições, colocar limites, fazer metas, desenvolver talentos, educar, exemplificar atitudes é necessário para criar filhos autoconfiantes que considerem seu amor e a bênção de um lar mais importantes do que qualquer outra coisa, além de sua fé em Deus.

12. **Aprender a agradecer**. A atitude de reconhecer as bênçãos inclui ter uma atitude positiva, não apontar as falhas, mas focar nas qualidades. Agradecer as pessoas, resolver conflitos, amar para dissipar a raiva ou discussões, enfim, contar as bênçãos literalmente faz com que a paz interior que buscamos entre o que precisamos e o que queremos seja instantaneamente internalizada.

O dicionário define um pioneiro como "alguém que vem antes e prepara ou abre o caminho para outros o seguirem". Hoje em dia, nós não precisamos desbravar fronteiras e colonizar terras, mas podemos e precisamos ser pioneiros e liderar nossas famílias com exemplos de retidão, evitando decepções e aprendendo com os erros alheios.

Todos nós podemos ser pioneiros. Num mundo de seguidores, podemos escolher seguir o Exemplo maior dos Pioneiros (49) e viver essa escolha com alegria pois não nos decepcionaremos.

RECEBENDO A MORTE COMO PARTE DA VIDA

Se você gosta de fazer listas como eu, mandar cartas, e-mails, preencher cartões de aniversário, e organizar as contas, bem como a vida da família, nada como pensar em coisas que ajudem a lhe preparar para o futuro.

Muitos possuem a superstição de que se se prepararem para a morte, estarão "chamando-a" para perto. Nada a ver! Mas, todos deveriam estar cientes que ela pode acontecer a qualquer momento, e deve-se estar preparado para quando ela vier, seja cedo ou tarde, quando já estivermos na casa dos 90 e poucos anos.

Já que estamos falando de listas, que tal estas 10 ideias para 10 listas a se fazer antes de morrer.

1. **As 10 pessoas que mais me ajudaram na vida.** Liste 10 pessoas que lhe influenciaram para o bem. Você pode até escrever cartões de agradecimento a elas, que poderão chegar num bom momento.

2. **Os 10 lugares memoráveis que visitei.** Não precisa ter lugares do outro lado do mundo, pode ser na sua cidade mesmo, mas que tenham marcado época.

3. **As 10 melhores coisas que eu fiz na vida.** Sejam decisões como casamento, profissão, ajudar alguém.

4.   **Os 10 melhores dias de minha vida.** Pode ser o nascimento dos filhos, o dia da formatura, o dia que encontrou o cônjuge.

5.   **Os 10 melhores amigos que eu tive.** Alguns podem ainda ser os melhores amigos, outros foram numa determinada época, não importa. Lembre dos bons amigos com carinho.

6.   **As 10 melhores aventuras que tive na vida.** Isso não tem relação com a lista número 2, mas com realizações, desejos cumpridos, e principalmente, com soluções e conclusões a que chegou, aventuras que viveu.

7.   **As 10 coisas que me deixaram mais feliz.** Sejam pessoas, momentos, coisas. Algumas vêm e vão, outras ficam.

8.   **Os 10 melhores filmes que assisti na vida.** Liste-os, assista de novo se puder!

9.   **Os 10 melhores ensinamentos que aprendi.** Seja de pessoas, de livros, de exemplos aleatórios.

10.   **As 10 coisas que eu deveria ter feito mas não fiz.** Todas as outras são para relatar coisas positivas de sua vida. Esta não é diferente. A ideia não é lembrar dos arrependimentos, mas aprender a ser grato pelas decisões feitas, e pesar as oportunidades que teve, e que fez o melhor delas.

Agora, mais 10 listas que você **precisa** fazer antes de morrer, e que são necessárias além das 10 listas acima. Anote aí:

1.   Liste números e senhas de todas as contas bancárias e de aposentadoria.

2.   Liste os nomes e telefones de pessoas a serem avisadas caso você sofra um acidente.

3.   Liste o número do plano funerário e do túmulo no cemitério.

4.   Liste e organize todos os documentos que possui.

5.   Liste quem quer que fale em seu funeral e o que quer escrito sobre seu funeral.

6.   Liste as pessoas que receberão os objetos que hoje lhe pertencem em caso de falecimento.

7.   Liste todos os desejos que ainda quer completar antes de morrer.

8.   Liste todas as pessoas com as quais precisa resolver algum problema pendente e os resolva.

9.   Liste tudo o que quer que seus netos e bisnetos saibam sobre você.

10.   Liste o que quer que seja escrito em sua autobiografia.

E esteja preparado. Não importa se você tem 20 ou 100, se está vivo, viva todos os dias, além de fazer as listas.

SERENIDADE E PAZ

Ser humilde é ser ensinável e ter paciência e saber que você não pode saber tudo e que quanto mais você sabe, menos você pensa que sabe.

A arte de ser inclui ser verdadeiro consigo mesmo. Saber o que você realmente é, sem nenhuma avaliação excessiva de quem você é, é ser humilde. A humildade nos permite que nos reconheçamos de maneira justa e acessemos nosso valor verdadeiro. É também aprender a apreciar com justiça o verdadeiro valor de nosso próximo.

É reconhecer o que outra pessoa vale, respeitar sua dignidade e honrá-la, sem nunca exagerar.

Manter a própria serenidade - manter a calma e seguir em frente!! - é essencial para uma boa saúde! Serenidade age como um sistema imunológico contra as doenças ou vícios, e é caracterizada por sentimentos de tranquilidade, gratidão, contentamento, afeição pelos outros e uma profunda paz interior.

Quando as pessoas são serenas, elas não sentem necessidade de ceder a seus instintos para se sentirem realizadas - ações que podem se tornar vícios. O vício é uma tentativa de encontrar bem-estar em uma substância ou situação. De fato, no entanto, esse sentimento de plenitude só pode ser encontrado dentro de nós mesmos.

É uma conquista que se expande de dentro para fora. A serenidade real não é visível em nossa face ou nossos olhos. Ninguém pode evitar ser abalado, mas pode continuar capaz de mergulhar e escolher sua atitude em sua própria força é uma qualidade que só é mostrada através dos olhos.

Quando uma pedra é lançada na vida de tal pessoa, talvez como um problema crítico ou um desafio difícil - apenas a superfície é agitada. Nada mais. Isso acontece porque a serenidade é tão precisamente necessária que devemos procurar não exercer domínio injusto, seja como líderes, pais, chefes ou em qualquer tipo de relacionamento que tenhamos, mesmo em nossa comunidade.

Um resultado óbvio da serenidade é o crescimento de relacionamentos humanos harmoniosos. Quando temos serenidade, tornamo-nos mais abertos, honestos, respeitosos e amorosos. Não há necessidade de ser defensivo ou ter sentimentos de culpa, pois esses geralmente levam a reações erráticas sobre uma situação. Quando estamos serenos, somos capazes de identificar e avaliar as características positivas de nossos companheiros facilmente. Então, quando os outros se sentem inseguros ou se comportam negativamente, podemos responder com tolerância e compaixão tentando ser assertivos. Não sentiremos necessidade de controlá-los para nos sentirmos bem. Acima de tudo, veremos o melhor nos outros, não o pior.

A serenidade nos leva ao verdadeiro conhecimento. Insegurança ou medo nos impedem de ganhar conhecimento. Um sentimento de serenidade aumenta nossa capacidade de ouvir, aprender e ser criativo. A mente serena é um canal aberto para a percepção que é alimentada pela curiosidade e capaz de evitar tradições, atitudes, preconceitos e limitações passadas erradas.

Quando estamos calmos, sentimo-nos mais dispostos a contribuir. Até o trabalho será feito com alegria. Somos mais produtivos e temos menos medo. Nós nos tornamos mais livres de estresse e podemos ver soluções positivas para problemas mais facilmente.

A mente e o corpo são inseparáveis. A medicina moderna mostra claramente a relação entre o humor e o sistema imunológico, crescimento e desenvolvimento, atração física e funcionamento orgânico. Quando estamos em um estado mental positivo, nos tornamos menos doentes ou conseguimos nos recuperar mais rápido.

Quando estamos serenos, compreendemos mais facilmente e percebemos todo o potencial de nossos talentos e relacionamentos. Vivendo completamente no presente - não no passado ou no futuro - não somos mais perseguidos por sentimentos de culpa, medo ou ressentimento, muitas vezes as principais causas de ataques ad hominem aos outros.

De fato, a serenidade nos traz muitos benefícios. No entanto, se o nosso único propósito é apenas alcançar esses benefícios, estamos no caminho errado.

A serenidade vem antes de tudo. É nossa responsabilidade dissipar a ilusão de que eventos externos podem criar felicidade. A serenidade deve vir de dentro.

Quando redimimos nossa 'raiva' a quem amamos, nunca recebemos serenidade. Exercer domínio injusto sobre outra pessoa produzirá exatamente o reverso da serenidade.

Se apenas treinarmos nossas mentes e exercitarmos nossa força de vontade para nos concentrarmos na autossugestão, alguma outra coisa deve acontecer para aumentar nossa tolerância, compaixão e segurança pessoal, alimentando nossa autoestima tratando os outros enquanto nos tratamos.

Exercite serenidade para com aqueles que exercem seu

domínio injusto sobre nós, por exemplo, pois isso é também uma maneira de quebrar a corrente e expor a reflexão do "governante injusto".

Pessoas em condições normais não podem viver uma vida de progresso quando exercem domínio injusto freqüentemente ou quando se tornam ofendidas por causa de uma dominação injusta dos outros.

A autodisciplina é a mãe da felicidade e o irmão da serenidade.

SIMPLICIDADE: A META MAIS IMPORTANTE

É preciso muito esforço para alcançar a simplicidade.

Vivemos em uma época em que a necessidade de preparação para emergências é real. Precisamos estar prontos quando qualquer coisa que não esteja em nossos planos de vida nos atingir. Pode ser um desastre natural, morte de parente próximo, desemprego, divórcio, doença. Não importa. É importante, porém, que possamos ter o necessário antes do supérfluo.

Na psicologia, o desapego refere-se à "incapacidade de conectar" ou "assertividade mental". Dois significados tão diferentes e ferramentas úteis para poder simplificar. É urgente que aprendamos a nos reconectar a nós mesmos, mas ao que realmente importa. Precisamos de conexões para viver.

Precisamos nos conhecer para prestar atenção quando excessos tomam conta de nossas rotinas. Precisamos acordar, parar e voltar ao básico.

Cuidar de nós mesmos primeiro e adquirir novos e mais saudáveis hábitos. Se a vida não nos permite fazer isso, precisamos mudar alguma coisa. Não é apenas sobre coisas. Trata-se de equilíbrio da disposição mental para fazer o que supomos fazer.

Precisamos aprender a desacelerar e focar nas coisas que mais importam. Nós todos sabemos o que e quem eles são.

Dieter Uchtdorf listou as coisas mais importantes (50):

- Nosso relacionamento com Deus

- Nosso relacionamento com nossas famílias

- Nosso relacionamento com nossos semelhantes

- Nosso relacionamento conosco mesmos.

Para alcançar uma vida saudável e pacífica, precisamos ter todas as áreas da nossa vida em equilíbrio. Talvez seja difícil e fora da realidade pensar que podemos alcançar um equilíbrio total e perfeito em tudo, mas nosso esforço para atingir essa meta é inestimável. E nós temos isso dentro de nós. Por quê? Porque cada pequena coisa que adquirimos nesta vida não estará conosco na próxima. Apenas nossos relacionamentos. O amor que damos, a gratidão que respiramos ou o conhecimento que vivemos.

Podemos transformar depressão e sentimentos de incapacidade em nosso benefício. Podemos usar esse sonho de liberdade de todas essas coisas mundanas que acumulamos para influenciar positivamente nossos atos e apagar nossos erros. Podemos nos livrar daquilo que não precisamos na vida e aprender a nos concentrar no que é essencial.

Talvez seja um pouco suspeito que praticar o desapego das coisas aconteça com essa facilidade. Mas talvez possamos tê-lo como um objetivo vitalício a ser seguido. À medida que simplificamos a vida com foco nas coisas que mais importam, com tempo e paciência, poderemos experimentar o silêncio, não como um momento de dúvida, mas de paz. A simplicidade é um grande passo para a liberdade eterna.

A ARTE DE VIVER E SER FELIZ

Há certas coisas que acontecem em nossas vidas e nos perguntamos o porquê. Nossos erros e acertos, nossas decepções, fracassos ou vitórias nos moldam e nos fazem a pessoa que somos. Mas algumas coisas, a grande maioria de nós aprende, muitas vezes, apanhando.

1. Ninguém é perfeito

Sempre haverá alguém melhor que você. Por mais que você ache que domina alguma profissão, matéria, habilidade ou situação, você poderá se surpreender e estar enganado em algum momento. Não se compare, apenas faça o seu melhor.

Sempre haverá alguém que lhe decepcionará. Seus pais, professores, pastores e amores são humanos falíveis, e isso não tem problema, pois você também é. Enquanto estivermos vivos, decepcionaremos alguém, então, faça seu melhor e não seja tão duro com os outros ou consigo mesmo.

2. Viva de acordo com suas possibilidades

Enquanto está trabalhando, poupe para os dias difíceis. Mais cedo ou mais tarde, se você não é uma pessoa econômica ou mesmo se o é, dependendo da situação, estará amarrado em dívidas que tirarão sua paz e seu sono, causando problemas na família e casamento, destruindo o futuro de seus filhos e mesmo em sua saúde.

Aprenda a viver dentro do orçamento. É melhor uma vida simples do que a falsa pompa do débito acumulativo.

3. Não deixe para amanhã o que pode fazer hoje

Declare seus sentimentos por seus pais, amigos, filhos e amores enquanto estão vivos. Não cultive o arrependimento de não ter tido tempo de ser gentil a alguém, ou de ter dito ou passado mais tempo com aquela pessoa que não está mais aqui. Aproveite cada oportunidade de fazer o dia de alguém melhor, de pedir perdão, de sorrir e abraçar.

Todos nós morreremos, então, não perca tempo. Amanhã pode ser tarde demais.

4. Antes sozinho do que mal acompanhado

Devemos ser amigos de todos, ajudar e perdoar constantemente, mas amizades tóxicas onde você é o único a ajudar, a se doar, a ser o amigo, e a pessoa lhe usa, abusa e suga suas energias, e ainda difama e inveja, mais cedo ou mais tarde lhe trarão mais decepções que aprendizado.

Aprenda a colocar de lado a negatividade. Da mesma forma, se você é o que está reclamando de tudo e de todos, você provavelmente é o que está criando o drama. Respire fundo, arrependa-se, peça perdão, faça a restituição do erro, e recomece. Você irá até respirar melhor.

5. O mundo dá voltas

Esta é uma verdade absoluta. Você pode errar hoje, e aqueles que lhe condenam e debocham, terão o lembrete mais cedo ou mais tarde em seu próprio infortúnio, naturalmente. Da mesma forma, aqueles que julgam serão julgados na mesma medida.

Não defina as pessoas por seus erros, porque a vida lhe trará a resposta bem rápido. Arrependa-se e viva uma vida plena a ponto de olhar para trás, e saber que fez tudo o que podia, e tratou os outros como gostaria de ser tratado.

6. Forme sua própria opinião sobre pessoas e assuntos

Em algumas fases da vida, as pessoas nos influenciam, mas todos chegamos em algum ponto onde precisamos deixar de nos influenciar, mesmo que essas pessoas tenham poder, fama ou fortuna.

Não apenas acredite no que dizem sobre algo ou alguém. Toda história tem três lados, a sua, a minha e a verdadeira, então faça sua parte em conhecer a pessoa ou situação e tire suas próprias conclusões. Senão, apenas cuide de sua própria vida.

7. Todas as suas experiências são para seu próprio bem

Você pode estar se sentindo massacrado neste momento, mas, se escolher fazer o certo, tudo será para seu próprio aprendizado e durará apenas um momento. A verdade virá, o momento difícil passará, mesmo uma tragédia trará coisas a sua vida que você não conheceria de nenhuma outra forma, e você conseguirá sobreviver a qualquer situação que parece não ver a luz no final do túnel neste momento.

Acredite, busque uma visão mais elevada, suas bênções estão reservadas e são intransferíveis. Coloque sua casa em ordem. Retire de sua vida o que não presta. Jamais perca sua fé. Seja paciente e reconheça as bênçãos em meio às provações. Depois, sorria para os céus e agradeça.

A maioria destas lições somos mestres na teoria, e quando nos acontecem, parecemos negar o poder que a vida tem de nos ensinar. Nada acontece por acaso e tudo é para nosso aprendizado. Seja grato pelas provações e pelas bênçãos, e transforme sua vida, um dia de cada vez.

Ouvimos tanto através das muitas mensagens de autoajuda ao redor do mundo para pensarmos positivamente, mas colocar tudo isso em prática leva um tempo que, como mulheres, mães que trabalham, seja no lar ou fora dele, não temos. Se julgarmos nossa vida baseando-nos em filmes, em padrões de sucesso, em pessoas famosas, é capaz de concluírmos que nunca encontramos, ou pior, nunca fomos realmente felizes.

Ser feliz nos pequenos momentos

O psicólogo Shawn Achor, em um de seus TED Talks (51), falou sobre trabalharmos para sermos felizes e listou o que mulheres inteligentes que sabem como lidar com as emoções fazem para atingir o tão sonhado estado de felicidade. Resumindo:

1. Deixe o estresse de lado em prol da sua saúde

Estudos (52) comprovam que ser ignorado envolve a mesma área do cérebro responsável pela dor física. Ou seja, se não somos bem-vindos à vida de alguém, melhor dar as costas e voltar para nosso local pessoal onde nos sentimos bem-quistos ao invés de ficar nos humilhando, insistindo e perdendo nosso tempo.

2. Procure por coisas que elevem seu humor

Sejam músicas alegres, comédias, pessoas positivas. Estudos mostram (53) que ouvir música alegre e inspiradora traz felicidade instantânea.

3. Pense o melhor das pessoas

Ansiedade, preocupações demasiadas podem levar a ataques de pânico e criar um clima tenso desnecessariamente, seja no trabalho, no lar ou nas relações amorosas. Com certeza há pessoas que são egoístas e agir inocentemente é dar abertura para que elas usem sua boa vontade, mas esperar que todos ajam dessa maneira faz com que percamos grandes oportunidades de encontrar bons amigos e até mesmo um grande amor.

4. Você é fruto de seu passado, mas viva o presente para criar um futuro melhor

É impossível apagar, e muitas vezes esquecer completamente o passado. E não é necessário, uma vez que somos o fruto de nossas experiências. O que não funciona é ficar lamentando o que aconteceu, o que passou, o que alguém nos fez e nunca pediu perdão. Precisamos nos ocupar para não mergulharmos nas mágoas da memória. A vida é curta e única, então viva cada dia de uma vez, fazendo seu melhor, construindo memórias boas, e o futuro será bem melhor.

5. Seja proativa

Pare de aguardar que a vida bata na sua porta, levante-se do sofá e faça sua parte por você. Experimente convidar amigos para um encontro, visitar parentes, falar com pessoas coisas boas, tome a iniciativa. Você notará que o bem doado voltará a você no mínimo duplicado.

6. Decida definitivamente mudar hábitos ruins

Há tradições e crendices que não precisamos ficar repetindo a nós mesmas cada vez que olharmos no espelho. Tire o "Se" de seu vocabulário e substitua-o por "Quando" e faça as mudanças que precisa para dar uma nova direção à sua vida, a direção que você sempre quis.

7. Conte as bênçãos

Cada vez que você se pegar reclamando de algo ou lamentando que as coisas não são como você gostaria, pare e olhe ao seu redor. Tente contar pelo menos 5 coisas pelas quais você é grata. Quando você começar, notará que há muito mais que perderá a conta.

8. Seja realista

Os budistas acreditam que recusar-se a acreditar no que realmente está acontecendo no momento é a raiz da infelicidade. Seja a perda do trabalho, de alguém, ou até de uma relação amorosa, ficar lamentando não lhe ajudará em nada. Aceite onde você está, planeje os próximos passos, e coloque ação. Se ganhar ou se perder, comemore ou decepcione-se por um tempo limitado, nada de se perder no tempo e deixar o estresse acabar com sua saúde.

9. Seja a mudança que você quer ver no mundo

É fácil querer se cercar de pessoas positivas, proativas e inspiradoras. Seja você também alguém que irradia luz e responsabilidade.

10. Faça melhores escolhas

Isso é mais que saber discernir o certo do errado. É parar de ser vítima da vida. Se não é sua culpa, por que a preocupação? Se for, peça perdão, corrija o erro e siga em frente. Você é a dona de sua vida, e ninguém tem autoridade para lhe colocar para baixo ou de desmerecer seus esforços e sua história de vida.

Crie um estilo de pensamento que englobe a pessoa que você quer ser. Aja como se já a fosse.

Veja algumas atividades que ajudam uma pessoa a ser mais feliz:

1. **Busque o equilíbrio.** Nem tudo é ruim ou bom sempre, mas nada é realmente ruim sempre ou não tem algo bom também.

2. **Seja grato.** Aceite o que você tem, o que você é. É isso que lhe faz único.

3. **Pare de viver no passado.** Olhe para frente e viva o presente. Se

você não pode ser feliz hoje, por que acha que ontem foi ou amanhã será diferente?

4. **Escolha a felicidade**. Voluntários são mais felizes que sedentários. Por que será?

5. **Seja você mesmo**. Pare de se comparar. Seja espontâneo, natural e real. A maioria não se importa e quem se importa provavelmente não paga suas contas.

6. **Pare de se preocupar**. Não leve tudo a sério. 90% das preocupações nunca se materializam.

7. **Seja positivo**. Maus pensamentos criam sentimentos ruins e estresse físico e mental. Veja o exemplo dos atletas de sucesso, eles focam na vitória, não na derrota. Otimismo é o remédio natural contra depressão.

8. **Pare de tentar ser feliz**. Felicidade são momentos. Pare de esperar algo grande acontecer em sua vida. Desfrute da viagem. Pare para apreciar as borboletas, o canto dos pássaros, as estrelas e o sorriso de uma criança.

9. **Organize-se**. E isso inclui fazer planos, organizar, ter metas com um propósito. Você pode conseguir o que deseja se você souber o que deseja em primeiro lugar.

10. **Reconheça e faça aumentar uma amizade verdadeira**. Passar o tempo com alguém que realmente há uma troca positiva traz mais alegria na vida.

11. **Cerque-se de gente positiva**. Felicidade é contagiosa. Mas lembre-se de fazê-lo na vida real, não virtualmente.

12. **Viva uma aventura**. Viaje. Visite. Veja. Algo que o faça sentir que você realmente está vivo.

13. **Livre-se dos excessos**. Obter e comprar coisas passa um falso sentimento de segurança. Doe tudo o que não usa. Dê espaço para coisas novas em sua vida que não tenham formas físicas.

14. **Gerencie melhor seu tempo**. De forma a não ficar muito tempo sem fazer nada, mas ao mesmo tempo, ter um tempo de qualidade para relaxar e descansar.

15. **Tome decisões**. Pare de divagar. Escolha uma coisa ou situação. Viva-a com intensidade. O máximo que pode acontecer é não dar certo. Mesmo assim você tentou e aproveitou enquanto durou.

16. **Sorria mais.** Resumindo: Quanto mais você ri, mais você sorri, e vice-versa.

17. **Faça terapia**. Se houver algo em sua mente que você não consegue se desvencilhar, procure ajuda. Saúde mental é essencial para o bem-estar psicológico e espiritual.

18. **Dance, brinque, mova-se**. Exercite-se. Seja com as crianças, com a família, com os amigos, com o cônjuge. Encontre algo que gosta de fazer, que lhe dá prazer e divirta-se.

19. **Cultive a caridade**. Ajudar os outros traz um tipo de felicidade duradoura. Ter um propósito na vida faz toda a diferença, mesmo que isso seja ajudar outra pessoa a ter um propósito para viver também.

20. **Abrace as diferenças**. Ame as pessoas como elas são. Reconheça suas qualidades. Elogie. Abrace apertado. Sua família lhe agradecerá e a maioria das outras pessoas precisa disso.

21. **Conserve a esperança**. Afinal, nesta vida tudo passa. Até uva passa.

Sorriu? Ser feliz é isso. Aproveite os pequenos momentos, pois são eles que formam os grandes.

A ARTE DE SER

Como pais, fazemos um grande esforço em dar bons exemplos aos nossos filhos. Porém, a preocupação maior é quando crescerem, se se lembrarão dos princípios, e conseguirão governar a si mesmos de modo íntegro, sendo fiéis aos ensinamentos aprendidos. E a coisa mais importante que uma criança precisa aprender e ser reafirmada desde cedo em sua vida é a integridade.

Ser um líder com integridade significa ser alguém que é verdadeiro consigo mesmo, com seus valores, e sua palavra. Queremos ser íntegros, assim como queremos que nossos filhos tenham integridade por toda a vida. Isso pode ser um desafio num mundo onde muitas vezes vemos ser celebrado o que não é real, principalmente se compararmos a nossa vida com a vida das celebridades.

Para construir integridade em nossos filhos, as 5 coisas principais são:

1. Ser assertivo

Ensine-os a falar e a defender o que eles acreditam e precisam, respeitando outros, e exigindo o respeito necessário a si de forma sutil e educada. Isso os permite honrar suas escolhas e seus valores.

2. Saber discernir o melhor do bom

Se eles acreditam que algo é o correto, ensine-os a progredirem a partir do sentimento, e a ouvirem sua voz interior, o sentimento de paz no coração sobre um determinado assunto. Se sentirem que não é correto, ensine-os a pararem, recuarem, e replanejarem os próximos passos para determinada ação. Ser verdadeiro consigo mesmo inclui recuar quando preciso e voltar ao rumo correto.

3. Saber se colocar no lugar do outro

Pessoas íntegras sabem usar sua empatia por outros a favor do comprometimento, lealdade, confiança. Pessoas sabem que podem contar com pessoas íntegras. Pessoas íntegras sabem o que é o correto e atraem pessoas que também manifestam as mesmas qualidades.

4. Viver a vida de acordo com os valores e princípios aprendidos

A psicanalista Clarissa Pinkola Estes, disse: "Se você passa a vida tentando agradar os outros, metade das pessoas gostarão de você e metade não. Se você vive sua vida de acordo com a sua própria verdade, metade das pessoas gostarão de você e metade não". Ou seja, qual metade você quer como amigos, aqueles que gostam de você por causa das coisas que você faz a eles e pela pessoa que você finge ser, ou aqueles que gostam de você pela pessoa que você é?

5. Saber identificar e expressar emoções

Ouvimos tanto em agir com razão e não com emoção. A razão é construída a partir do momento que somos assertivos, empáticos, e autênticos. Se não soubermos identificar e expressar emoções da maneira correta, não conseguiremos o equilíbrio necessário para usarmos nossa razão quando precisarmos.

As emoções são parte de quem somos. Alguns podem tentar escondê-las, outros mentem sobre elas, outros sentem-se confusos. Quando as pessoas aprendem a identificar suas emoções e expressá-las de maneira assertiva e verdadeira, atingem o nível de inteligência emocional necessário para a felicidade duradoura, uma vez que estarão sendo completamente verdadeiros a si mesmos.

Eric Fromm em seu livro que traduzido tornou-se homônimo a este, A Arte de Ser (54), afirmou: "Se outras pessoas não entenderem nosso comportamento - e daí? Seu pedido de que devemos apenas fazer o que eles entendem é uma tentativa de nos ditar. Se isso está sendo "social" ou "irracional" em seus olhos, que assim seja. Principalmente eles se ressentem de nossa liberdade e nossa coragem de sermos nós mesmos. Nós não devemos a ninguém uma explicação ou uma contabilidade, contanto que nossos atos não os machuquem ou infrinjam. Quantas vidas foram arruinadas por essa necessidade de "explicar", o que geralmente implica que a explicação seja "entendida", ou seja, aprovada. Deixe que suas ações sejam julgadas, e de seus atos, suas verdadeiras intenções, mas saiba que uma pessoa livre deve uma explicação apenas a si mesmo - à sua razão e à sua consciência - e aos poucos que podem ter uma justificada reivindicação de explicação."

Jesus Cristo ensinou:

"E Jesus disse-lhe: Amarás o Senhor teu Deus de todo o teu coração, e de toda a tua alma, e de todo o teu pensamento. Este é o primeiro e grande mandamento. E o segundo, semelhante a este, é: Amarás o teu próximo como a ti mesmo. Destes dois mandamentos dependem toda a lei e os profetas." (Mateus 22)

Repare que Ele foi enfático: Destes dois mandamentos dependem **toda a lei** dos céus e os profetas. Ele não disse que a lei maior é amar o próximo ANTES de amar a Deus, ou uma igreja falar mal da outra, ou sermos melhores uns que os outros. Ele não disse que adquirir bens materiais e colocar seja lá o que for em frente a Amar a Deus e ao próximo é mais importante. Ele também não disse que satisfazer os desejos carnais, ou apoiar causas politicamente corretas, e brigar por causa de divergências políticas, religiosas e pessoais é mais importante.

Lynn Robbins, um dos fundadores da Franklin Covey, disse: "Tentar agradar aos outros antes de agradar a Deus é inverter os dois primeiros grandes mandamentos. É esquecer-se de que lado está. Mas, ainda assim, todos já cometemos esse erro por temor aos homens." (55)

A pressão do mundo e a armadilha das lisonjas: Nossa vaidade e o temor dos homens

A sociedade em que vivemos nos massacra se discordamos da maioria. Se defendemos princípios e valores, ajudamos a alguns, e indiretamente outros se ofendem tão facilmente. Joseph Goebbels é conhecido por dizer: "Uma mentira contada mil vezes, torna-se uma verdade" (56), e assim fez Hitler, Stalin e tantos outros, mesmo hoje em dia.

A insistência da mídia e de alguns grupos na doutrinação para aceitarmos suas ideias e comportamentos à primeira vista nos causa espanto, depois desconforto, depois familiarizamo-nos, e por fim acabamos por tentar buscar uma convivência pacífica com estes e até nos sentindo culpados por ter discordado a princípio. É nossa compaixão caindo na armadilha.

Nossos acusadores nos chamam de intolerantes. Sentimo-nos forçados a baixar padrões, a "deixar para lá" e acabamos quebrando o maior de todos os mandamentos.

Hipocrisia: O ato de achar que pode haver neutralidade

O mais interessante é que a maior parte das pessoas que teme mais os homens do que a Deus acha que podem agradar a ambos. E nós sabemos que "não podemos servir a dois senhores".

Essa prática faz com que nossos valores sejam confundidos e nossos objetivos perdidos. As pessoas, conforme o teólogo Neal A.

Maxwell disse, "desenvolvem autossatisfação, em vez de buscar o aperfeiçoamento e o arrependimento". (57)

A verdadeira coragem

Enfrentar os perigos é vencer o medo dos homens. O grande escritor C. S. Lewis escreveu que "A coragem é (...) a forma que cada virtude assume ao ser testada. (...) Pilatos foi misericordioso até o momento em que a situação começou a ficar perigosa" (58). Quando flertamos com as filosofias dos homens, indo contra o que diz o Senhor, estamos lavando nossas mãos. Há inúmeros exemplos nas escrituras sagradas, e mesmo na história do mundo, de pessoas que, buscando a glória do mundo, tentam agradar aos homens, os famosos "fariseus" amavam mais o homem do que a Deus.

Nas escrituras também vimos inúmeras passagens de profetas de Deus que foram debochados e atacados pelo escárnio. Um líder religioso chamado Harold B. Lee lembra que "um pássaro ferido se debate". Quem desdenha quer comprar, ou seja, "culpa tentando se reafirmar". É justamente o ato de contar uma mentira muitas vezes até que ela se torne verdade.

O exemplo do Mestre

"O Salvador, o único ser perfeito que já viveu na Terra, foi o mais corajoso. Durante Sua vida, Ele foi confrontado por dezenas de acusadores, mas nunca Se rendeu ao dedo escarnecedor deles. Ele é a única pessoa que jamais Se esqueceu de que lado estava. Ele foi um representante tão perfeito de Seu Pai que conhecer o Salvador também era como conhecer o Pai. Ver o Filho era como ver o Pai (ver João 14:9). Ouvir o Filho era como ouvir o Pai (ver João 5:36). Ele havia, na essência, tornado-Se idêntico a Seu Pai. Seu Pai e Ele eram um (ver João 17:21–22). Ele sabia perfeitamente de que lado estava.", completa Lynn Robbins. (55)

Nós também podemos amar a todos como Jesus Cristo

amou. Mas, assim também como Ele, precisamos ser firmes e não termos medo de defender o que o Pai Celestial nos ensinou. Que possamos escolher sermos realmente felizes, com a paz de seguirmos o Senhor, proteger nossa família, investir tempo e companheirismo em nosso casamento, decidindo definitivamente de que lado do muro estamos. Mesmo que isso vá contra o poder dos homens.

O poder de Deus é infinita e substancialmente maior e, mais cedo do que pensamos, saberemos disso por nós mesmos, senão pelo amor, pela dor.

Tenha a coragem de ser quem você é, de trilhar o caminho certo, de escolher o certo mesmo que todos estejam fazendo o errado. Esteja mais preocupado com o que o Senhor pensa.

Viva ao lado de gente humana, que sabe rir de seus tropeços, não se encanta com triunfos, não se considera eleita antes da hora, não foge de sua mortalidade, defende a dignidade dos marginalizados, e deseja tão somente andar ao lado de Deus.

Caminhe perto de coisas e pessoas de verdade, pois desfrutar desse amor absolutamente sem fraudes nunca será perda de tempo.

Continue amando a vida e as pessoas, mas gaste seu tempo com o que é essencial. Porque o essencial é o que faz a vida valer a pena.

FIM

Referências

1. Robert Brault, do livro "Final Thoughts" e "Reflections".
2. My shoes (2012) dir. Nima Raoofi – MAPS film school.
3. Think: How to Stay Smart in a Dumbed Down World, Lisa Bloom, 2011.
4. Cyberpsychol Behav, August 12, 2009 – More information than you ever wanted: does Facebook bring out the green-eyed monster of jealousy?
5. The Art of Intrapreneurship, Guy Kawasaki.
6. O que você quer ser quando crescer, Deivison Pedroza.
7. Transtornos Alimentares, Revista Brasileira de Psiquiatria, vol. 22, s.2 São Paulo Dec. 2000.
8. Life Event, Stress and Illness, Journal of Medical Sciences, Mohd. Razali Salleh.
9. US Abortion Clock Organization, world statistics - http://www.numberofabortions.com/.
10. Não Terás Outros Deuses, Dallin H. Oaks, Outubro 2013.
11. Courage Counts, Thomas S. Monson, October 1986.
12. How to practice suggestion and autosuggestion, Émile Coué, 1857.
13. Violência doméstica, https://pt.wikipedia.org/wiki/Viol%C3%AAncia_dom%C3%A9stica.
14. VIOLÊNCIA CONTRA AS MULHERES, Lei Maria da Penha, www.contee.org.br.
15. http://www.spm.gov.br/
16. Marido é principal suspeito de matar e jogar corpo de aeromoça em represa - http://g1.globo.com/sp/vale-do-paraiba-regiao/noticia/2015/03/marido-e-principal-suspeito-de-matar-e-jogar-corpo-de-aeromoca-em-represa.html.
17. TED Talk: Can depression be good for you?, Neel Burton M.D., Dec. 12, 2012.
18. Sempre Fiéis, Thomas S. Monson, Abril 2006.

19. List of CBIR engines -
https://en.wikipedia.org/wiki/List_of_CBIR_engines.
20. Why Bilinguals Are Smarter? Gray Matter, March 17, 2012 -
https://www.nytimes.com/2012/03/18/opinion/sunday/the
-benefits-of-bilingualism.html?_r=0.
21. Trends in Cognitive Sciences, Cell -
https://www.cell.com/trends/cognitive-sciences/home.
22. Psychological Science – The Foreign Tongue Reduces
Decision Biases, Boaz Keysar, Sayuri L, Hayakawa, Sun Gyu
An, April 18, 2012 -
http://journals.sagepub.com/doi/abs/10.1177/09567976114
32178.
23. https://www.stb.com.br/.
24. The Pink Pather, 2006 -
https://www.imdb.com/title/tt0383216/.
25. Victor Hugo - https://en.wikipedia.org/wiki/Victor_Hugo.
26. The benefits of music education, Laura Lewis -
http://www.pbs.org/parents/education/music-arts/the-
benefits-of-music-education/.
27. Benefits of learning and playing music -
https://www.nammfoundation.org/articles/2014-06-
01/benefits-learning-and-playing-music-
adults?gclid=EAIaIQobChMIxtOkr4Wz2wIViPhkCh0xbQU
AEAAYASAAEgKikvD_BwE.
28. http://michaelis.uol.com.br/.
29. Every Woman's Marriage, Shannon e Greg Ethridge, March
6, 2010.
30. Infidelity Facts - http://www.infidelityfacts.com/infidelity-
statistics.html.
31. 10 Técnicas de policiais, espiões e psicólogos para detectar
mentiras, Psicologia, mundointerpessoal.com.br.
32. IBGE -
https://ww2.ibge.gov.br/home/estatistica/populacao/registr
ocivil/2010/divorcios.shtm.
33. Cremos em Ser Castos, David A. Bednar, Abril 2013.
34. Ensinamentos dos presidentes da Igreja: Spencer W. Kimball,
A Lei da Castidade, capitulo 17.

35. Família e aprendizagem escolar, Nelson Elinton Fonseca Casarin - http://pepsic.bvsalud.org/scielo.php?script=sci_arttext&pid=S0103-84862007000200009.

36. Think: Straight Talk for Women to Stay Smart in a Dumbed-Down World, May 24, 2011.

37. Depression and Mental health by the numbers: Facts, statistics and you - https://www.healthline.com/health/depression/facts-statistics-infographic#8.

38. 1001 Things Every Teen Should Know Before They Leave Home: Or Else They'll Come Back, Harry H. Harrison Jr, March 30, 2007.

39. Man's Search for Meaning, Viktor E. Frankl, June 1, 2006.

40. Dalai Lama - https://www.dalailama.com/.

41. Mahatma Gandhi - https://en.wikipedia.org/wiki/Mahatma_Gandhi.

42. Presidentes da Igreja: David O. McKay, chapter 9, 2004.

43. Ludvig Van Beethoven biography - https://www.biography.com/people/ludwig-van-beethoven-9204862.

44. Você Pode Fazer Isso Agora!, Dieter F. Uchtdorf, 2013.

45. The Skinny Rules: The simple, nonnegotiable principles for getting to thin, Bob Harper, Greg Critser, May 15, 2012.

46. Patch Adams, 1998 - https://www.imdb.com/title/tt0129290/.

47. A metamorfose, Franz Kafka - https://www.psicopedagogia.com.br/index.php/1698-a-metamorfose-de-franz-kafka.

48. Pioneiros Mormons - https://pt.wikipedia.org/wiki/Pioneiros_m%C3%B3rmons.

49. Jesus Cristo - https://www.mormon.org/por/jesus-cristo.

50. Das coisas mais importantes, Conferência Geral, outubro de 2010 - Pres Dieter Uchtdorf.

51. The happy secret to better work, Shawn Achor - https://www.ted.com/talks/shawn_achor_the_happy_secret_to_better_work.

52. Why love literally hurts,
http://selfcontrol.psych.lsa.umich.edu/wp-content/uploads/2013/09/APS_love-hurts_2013.pdf.

53. Why listening to music make us feel good, Kimberly Sena Moore Ph.D., Jan. 20, 2011 -
https://www.psychologytoday.com/us/blog/your-musical-self/201101/why-listening-music-makes-us-feel-good.

54. The Art of Being, Erich Fromm, Raymond Todd.

55. De Que Lado Você Está?, Lynn G. Robbins, Outubro 2014.

56. Quotes in "How liars create the illusion of truth", by psychologist Tom Stafford -
http://www.bbc.com/future/story/20161026-how-liars-create-the-illusion-of-truth.

57. Arrepender-nos de Nosso Egoísmo, Neal A. Maxwell, Abril 1999.

58. Mere Cristianity, C. S. Lewis.

SOBRE A AUTORA

C. A. AYRES possui trabalhos publicados em várias línguas, entre elas inglês, português, italiano e espanhol.

Os livros e artigos de C. A. Ayres já foram lidos por mais de 320 milhões de leitores em todo o mundo.

Nascida no Brasil em uma família mista de portugueses, ingleses, irlandeses e especialmente italianos, Ayres cresceu em torno de livros e ama a leitura e a escrita. A partir dos seis anos, assim que aprendeu a ler e a escrever, ela transcrevia os livros de seu pai que não possuía a luz dos olhos. Seguindo o exemplo de sua mãe, ele lhe ditava palavras, ou "traduzia" do braile como ele a ensinara. Mais tarde, ele lhe deu seu primeiro gravador e máquina de escrever e ela pode começar a escrever também seus próprios trabalhos, além de diários, redações premiadas e concursos que ganhou.

A tendência do pai à perfeição impressionou e levou Ayres a uma carreira de sucesso em Comunicações - Jornalismo e posteriormente, Psicologia e Educação.

Ayres, que vive nos Estados Unidos depois de estudar e trabalhar ao redor do mundo, é defensora da família, da vida e das mulheres, educando-as a reconhecer e denunciar o abuso e a violência doméstica, pornografia e aborto. Ela também é colunista de vários jornais e revistas em várias partes do mundo.

A rica história cultural de Ayres fez da família o foco de sua vida e trabalho na escrita. Positividade e trabalho duro são a essência de sua identidade como mulher, mãe e esposa. Para Ayres, sua família tem sido o berço de lições de vida que a inspiram a escrever.

A formação de Ayres em Jornalismo e Psicologia tem lhe servido bem, e a sua escrita visa elevar e inspirar os seus leitores através de todas as verdades, por vezes difíceis, que acompanham as alegrias da vida familiar e conjugal.

Acima de tudo, sua empatia a fez passar por muitos desafios, e ela foi abençoada com uma personalidade contagiante. Seu amor por Jesus Cristo e o estudo das escrituras sagradas faz parte de seu dia-a-dia, o que a ajuda na crença de que somos todos filhos e filhas de um Deus amoroso e que merecemos ser felizes.

Para conhecer mais sobre seu trabalho, visite https://www.caayres.com/.

A ARTE DE SER